NHK BOOKS
1284

声と文字の人類学

deguchi akira
出口 顯

NHK出版

はじめに

文字を読む、文字を書くことは、私たちの日常生活のありふれた光景となっている。あるいは私たちの日常は、文字を読まない、書かないではもはや成り立たないと言っていいほどである。

世界中には文字を読み書きできない人びとが多く存在している（日本も識字率は一〇〇%に至っていない）。そのためユニセフのSDGsの目標の一つには、文字を読み書きできるようにする教育の機会を提供することが掲げられている。[*1] 文字を読み書きできないと、言い換えるとリテラシー（読み書き能力）がないと、条件のいい雇用の機会が得られず、豊かな生活を送ることができず、貧困にあえいだままだということである。つまり文盲とは撲滅《ぼくめつ》すべき悪として、口頭によるコミュニケーションのみに頼るしかない事態は乗り越えるべき旧弊《きゅうへい》として語られる。

例えば、過去の出来事は、文字で書き残された資料（いわゆる史料）によってよりよく記録・保存されるのであり、口伝えによる保存は、語り部の記憶にのみ頼るために不正確になりがちであり、伝達の過程で変形やゆがみが生じやすいというわけだ。

さらに、離れた人びと同士を瞬時につなぎグローバル化を一段と加速するソーシャル・メディアやメタバースは、そこで多様な情報が行き交うだけに、乗り遅れるわけにはいかない。そのためにはメディア・リテラシーという一つ進んだリテラシーの獲得が不可欠だというのである。

しかし本当にそうなのだろうか。そこでは、国連を主導する欧米など先進国固有の価値観が押し付けられてはいないか。近代国家が国民を管理統制する手段として文字（法律の条文、住民票・戸籍などの記録台帳）があったという、文字と権力作用の結びつきが、ここでは等閑視されている。

*

「文字」といっても、アルファベット、漢字、かな、ハングル、アラビア文字など、その種類は多様である。しかしこれまで私たちは、メッセージの発信と受信・解読という点で文字の間に本質的な違いはないと、暗黙のうちに考えてきた。それは文字を、あたかも貨幣のように受け止めているということでもある。貨幣は、文化的コンテクストや既存の生産と交換の関係にかかわりなく、社会や文化に変革をもたらす本質的な力を備えていると、社会科学者たちによって理解されてきたが、文字もまたそのようなものとして捉えられてきたのである。しかし、果たしてそうだろうか。

十五世紀ドイツでのグーテンベルクによる活版印刷技術の発明は、世界を変えたといわれてきた。今ではさらに進化し、紙ではなく電子媒体の本が普及し、文字を書くというより（パソコンやタブレットのキーボードで）文字を「打つ」と表現した方がよいくらいである。しかし人類の歴史を振り返ってみると、文字と人間の関わり方というのは、私たちが思っているほど当たり前ではない。

文字の登場は今から五、六千年前といわれている。アルファベットのような表音文字や漢字のような表意文字が出現しただけでなく、文字を何に書くか、また何を使って書くかにおいても人類は大きな変化を体験してきた。そしてそれらのことについて、私たちは意外に多くのことを知らない、あるいは忘れている。スマホ（スマートフォン）が当たり前になっている今日では、スマホがなかった時代に待ち合わせの時間に遅れそうなときにはどのように対処したか思い出せないように（しかし、私たちは、例えば駅の伝言板を使いながら、あるいは電話をかければ相手を呼び出してもらえそうな喫茶店を待ち合わせ場所に決めて、誠実に対応し切り抜けていたのであり、それを、乗り越えるべき遅れや問題と単純に呼ぶことはできない）。

およそ七百万年前にまで遡《さかのぼ》ることのできる人類の歴史は、文字の歴史より遥かに長い。人類は無文字時代が長かったのであり、ヨーロッパが植民地化する以前の（つまりつい最近の）アフリカや南アメリカの先住民社会の多くは、固有の文字を持っていなかったのである。では彼らはどのように、伝達や伝承を行ってきたのだろうか。そして、文字の登場は神話や昔話のような口頭伝承の世界をどのように変えたのか、あるいは変えなかったのか。文字を持たなかった社会はどこでも同じように文字を受け入れたのだろうか。文字によるコミュニケーションと口頭によるコミュニケーション、つまり文字と声はどのように関わっているのだろうか、両者のインターフェイス（境界面）では何が生じているのだろうか。

*

これらの問題を考えながら、私たちの日常で当たり前となっている、文字を読み書きするとはどういうことなのかを改めて見つめ直すことが、本書の目的である。なぜなら（文化）人類学とは、異文化の理解を通じて自らの文化の「当たり前」を反省する学問だからである。

第Ⅰ部では文字の効用をめぐる諸論を検討する。

第一章・第二章で、社会人類学の分野においてリテラシーの研究に先鞭《せんべん》をつけたジャック・グディの所論および、活版印刷が人間の感覚を大きく変容したと論じた英文学者のマーシャル・マクルーハン、そしてマクルーハンの盟友ともいうべきウォルター・オングの主張を紹介する。彼らの見解は、はじめに声があったのちに文字が生まれ、文明が発展した、という（「声から文字へ」とみる）シンプルで常識的な前提に基づいている。こうした、文字が人間の認識に変容をもたらし、論理的思考と科学の発展につながったり、視覚を特権化するという（「声より文字に利点がある」とみる）見解は、文字を持つこと（リテラシー、書承《しょしょう》性）と、コミュニケーションを声だけに頼ること（オーラリティ、口承《こうしょう》性）との間に、大きな分割線を引くものである。第三章ではこの見解を批判し、文字の出現に対して社会がどのように対応したか、その多様性を、西洋の歴史や無文字社会の例を紹介して、ただ一方的に文字を受け入れるだけではなかったことを明らかにする（「文字より声が重視される」例）。また、読まれないために書かれる文字があるのと同様に、傾聴されないけれども発せられる声があることにも触れる。

書承という見慣れない用語についてここで説明しておこう。昔話などの伝統的な知識を口から耳へ音声のみを介して伝えるコミュニケーションの形式を、とくに民俗学で口頭伝承という。これに対して、リテラシーすなわち文字を読み書きできる能力、ならびに伝えたい事柄を文字に書き記すコミュニケーションの形式をまとめて、本書では書承と呼ぶ。文字を読み書きできる能力だけでは人間の認識能力や感覚に影響を与えることはできず、伝えようという意志ならびに実践が重要な意味を持つからである。

さて、文字には声を抑圧しようとする力（権力）がある。第Ⅱ部では文字をめぐる権力作用を論じる。

その足がかりとして第四章では、グディやマクルーハンを踏まえて文字に対する音声の復権を唱えた山口昌男を取り上げ、楔形《くさびがた》文字にも言及して、その議論の前提に音声中心主義が潜んでいることを批判する。「文字は声の再現にすぎず、声より劣ったものである」という考えが西洋には根強くあることを、プラトンの『パイドロス』におけるソクラテスの発言で確認し、音声中心主義を批判したフランスの思想家ジャック・デリダの考えも紹介する。

第五章では、文字と権力を論じたレヴィ＝ストロースの『悲しき熱帯』の有名な一節を再考することから始め、『パイドロス』でソクラテスが語る古代ギリシアの墓碑銘を取り上げる。古代ギリシアの墓碑銘は「われは告げる」という、文字が主体として語る事例であるが、そこでは文字がそれを読む者の声を従属させていた。また、近代の図書館では声が抑圧されており、「文字を読むことが声を従属させ抑圧する」という、文字の声に対する権力作用をみていく。

第Ⅲ部では、文字と声の交錯する様子、あるいは書承性と口承性の境界面で何が生じているかを考える。

第六章では柳田國男《やなぎたくにお》の口承文芸論を手がかりにして、声を創り出す文字を日本の『平家物語』やフランスの事例をもとに検討する。さらに、文字が声を創り出すのであれば、はじまりにあるのは声ではなく文字であり、文字の受肉化が声であるというバリ島の考え方も紹介し、文字と声がめまぐるしく入れ替わるさまを追う。

第七章では、第六章で示した文字とシャーマニズムの結びつきを、フランスの農村とペルーのピーロ人の事例をもとにさらに検討する。ピーロで最初に文字を読めた男の物語では、文字が自ら語りかけてきた。これはシャーマニズムを背景としている。さらに、人間の皮膚の表面に模様を描くというピーロの慣習は文字を書くことと結びついており、そこから書くことにおける触覚の重要性と感覚の変容を論じる。これは小泉八雲《やくも》の「耳なし芳一《ほういち》」や蓮實《はすみ》重彦の『反＝日本語論』につながり、そこで再び音声中心主義と出会うことになる。漢字や仮名を書いて覚える習慣を身につけている日本人にとって、言葉は手の記憶と結びついていることを指摘する。

第八章では、ボルヘスの掌編《しょうへん》小説「砂の本」を紹介し、開くたびに内容が異なるような書物の例としてバリ島の貝葉《ばいよう》（ロンタール）や有名な『金枝《きんし》篇《へん》』を挙げた後、現代のネット空間で、音声コミュニケーションさながらに書き込みが瞬時の内に変容するさまは、「砂の本」の究極の形であること（「文字が声化する」逆転現象）をみていく。このように、文字と声の関係は決して単純ではないことを、私たちはSNS時代に改めて考え直す必要がある。

終章では、イギリスの人類学者ティム・インゴルドの「手書き」の擁護を紹介し、コミュニケーションの発達という観点からすれば一段階前の、直筆の手紙によるコミュニケーションに、親密な他者との交流を求める姿勢がまだ残っていることを紹介したい。

図表出典一覧

表 1-1　Needham, R. 1967 Right and Left in Nyoro Symbolic Classification, *Africa* 37, p447

図 1-1　Goody, J. 1967 *The Social Organisation of the LoWiili* (second edition), Oxford University Press, p122

図 2-1　Clanchy, M. T. 2013 *From Memory to Written Record* (third edition), Wiley-Blackwell, Plate19

図 3-1　H. ブランク　2008 『ギリシア・ローマ時代の書物』（新版）戸叶勝也訳、朝文社、84 頁

写真 3-1　https://commons.wikimedia.org/wiki/File:Scribe_tomb_relief_Flavia_Solva.jpg

写真 4-1　ユニフォトプレス提供

図 5-1　クロード・レヴィ＝ストロース　2006 『神話論理 I　生のものと火を通したもの』早水洋太郎訳、みすず書房、452 頁

表 5-2・5-3　永嶺重敏　1997 『雑誌と読者の近代』日本エディタースクール出版部、71 頁

図 7-1　Gow, P. 1999 Piro Designs: Painting as Meaningful Action in an Amazonian Lived World, *The Journal of the Royal Anthropological Institute*, (n. s.) 5(2), p233

写真 7-1　Ibid., p240

写真 8-1 ～ 8-3　Kumar, A. and McGlynn, J. H. 1996 *Illuminations: the Writing Traditions of Indonesia*, The Lontar Foundation, p136, Figure153-154

図9-1　ユニフォトプレス提供

目次

校　閲　三枝みのり
ＤＴＰ　㈱ノムラ

引用文中の〔　〕内は断りのない限り筆者による。
振り仮名は適宜補い、強調をほどこした場合は巻末註でその旨を記した。

第Ⅰ部
文字の効用をめぐる有力な議論

第一章

「文字は認識を変える」か？

リテラシーの方へ

ケンブリッジ大学社会人類学科の主任教授を務めたジャック・グディ（一九一九―二〇一五）は、学生時代はじめはケンブリッジ大学で英文学を専攻した。グディは特に著名な批評家Q・D・リーヴィスらの、書物の生産の変化、読者層の性質、文芸作品の形式と内容などについての研究に影響を受ける。しかし第二次世界大戦で勉学は中断され、兵役に就《つ》き、北アフリカでドイツ軍の捕虜となり、三年間捕虜収容所生活を送る。

戦時下とりわけ捕虜収容所での書物の乏しさからくる読書への飢餓感から、コミュニケーションの諸様式が人間社会に与えた影響、とりわけ文字の発明の影響の研究に関心を寄せるようになった。

グディは第二次大戦後大学に戻った。収容所で読むことのできた、十九世紀末から二十世紀初頭の代表的社会人類学者であるジェームズ・フレイザーの『金枝篇』に影響を受けて人類学に専攻を替え、西アフリカのガーナのロダガア社会でフィールドワークを行った。伝統的には無文字社会であったロダガアで目撃した秘密結社バグレのイニシエーション儀礼や神話の朗誦が、口承によるコミュニケーションと文字を介したコミュニケーションの違いにも目を向けさせることになった。[*1] グディはリテラシー（literacy、読み書き能力、識字化）の研究で先鞭をつけ、社会人類学にとどまらず心理学など他の分野にも広く影響を与えた。

以下ではグディの議論を、特に『未開と文明』を中心に紹介する。『未開と文明』が、グディの代表作として、賛成されるにせよ批判されるにせよ、最も頻繁に引用・言及されてきたからである。とはいえ、グディは多作家としても知られ（一九九五年から二〇一一年までほぼ一年に一冊の本を出版してきた）、彼のリテラシーや口頭伝承研究は、『未開と文明』につきるものではない。

グディは、ケンブリッジ大学で同級だった英文学者イワン・ワットと共に、一九六三年に'The Consequences of Literacy'（「リテラシーの諸帰結」）という論文を発表する。一九六八年には他の人類学者の研究と共にこの論文を再録した論集 *Literacy in Traditional Societies*（『伝統的諸社会におけるリテラシー』）を編集し、あらたに執筆した'Restricted Literacy in Northern

Ghana'（「北ガーナにおける限定的リテラシー」）で、無文字社会に文字がもたらされたとき、すべてのメンバーが読み書きできるわけではなく限られていることの持つ意味を考察した。その後も日本語にも翻訳された『未開と文明』（原著は一九七七）、*The Logic of Writing and the Organization of Society*（『文字の論理と社会の組織』）（一九八六）、*The Interface between the Written and the Oral*（『書承性と口承性の境界面』）（一九八七）、*The Power of The Written Tradition*（『書承性の力』）（二〇〇〇）、*Myth, Ritual and the Oral*（『神話、儀礼、口承性』）（二〇一〇）[*2]を刊行し続け、文字とリテラシー（以下、書承性とも言い換える）と口承性についての研究を、人類学の分野にとどまらず、心理学者や教育学者と対話しながら、継続してきた。

ワットとの共著論文でグディは、文字とくに古代ギリシアのアルファベットが人間の文化になした知的貢献を評価しようとした。特に「神話」と歴史、時間と空間の概念、民主主義の概念、知的活動の諸カテゴリーについて、フランスの思想家レヴィ＝ブリュルが「未開社会」には欠けていると述べた論理と矛盾律という観念との関連で、アルファベットが果たした役割を彼らは考えようとした。哲学的に限定された意味での「論理」（logic）は、証明と矛盾という概念の洗練と同様、文字の使用に決定的に依存していると彼らは論じた。つまり文字の導入が人間の認識や知的活動に大きな変化あるいは進化をもたらしたというのである。[*3]

アルファベットのような表音文字が人間の認識に与えた影響については『未開と文明』でも取

り上げられ、特に初期の文字体系における表やリストが、文字がない社会や時代には存在しなかった情報のまとめ方・組織化をもたらしたと論じられている。さらに一九八六年の著作で、文字の導入が宗教、経済、政治、法律にもたらした影響を、そして一九八七年の論文集では、書承と口承を単純に区分することはできずその類似性と対比性、境界面で生じていることにも目が向けられている。とはいえ、境界面に目を向けていると果たしていえるか、書承と口承の絶対的区分を手放していないのではないかと絶えず批判されても来た（第三章参照）。

蓄積と脱脈絡化

音声である言葉は、話されるや否や音としては消えてなくなる。しかし文字という形で記されることで、それは石や金属、羊皮紙や紙の表面に、物質としてとどまることになる。グディが特に考慮しているのはアルファベットの使用例であるが、文字を書くそして読むということは、口頭でのコミュニケーションに半永久的な形態をもたらすことになった。人間の脳（思考・記憶）の中ではなく、外部にコミュニケーション（言葉）を具体的なものとして定着させる。それはつまり記録としてメッセージの内容が安定するということ、つまり変幻自在ではなくなるということである。これによって、書き記されている言葉や話題・議論の内容を、くわしく吟味してみるということが可能になる。読み書きによって、人間のコミュニケーションを長期にわたり保存し、こまかく調べることができるようになったのである。「書くということが口頭による言語の流れをせきとめることによって、違う時に違う場所で言われたことをひとつひとつ比べることができるようになる」[*4]のである。

話されては消えていく音声のメッセージを記憶のみを頼りにして議論していた場合とは異なり、書くことによって、物質の形で残ったものという確かな手がかりを介して検討していくこと、それが批評の余地を拡大させたのは、口承性のみの場合とは別の形で論議が人々の目の前に展開されることになったからである。それと同時に知識の蓄積、ことに抽象的な種類の知識を蓄積する可能性も増した。書くことは、記憶に頼り音声で伝承していくという情報の貯えの体系を変えた。それにより、コミュニケーションの性質を、対面関係における限定的な場面のものからさらに広い範囲のものへと変えることになったのである。[*5]書くことには二つの主要な機能がある。一つは貯蔵の機能であり、もう一つは脱脈絡化による文章の組み直しや検討である。[*6]

蓄積について、例えば古代メソポタミア文明は、食料の生産・保管・分配、各地域から国家に税として送られる貢納品《こうのう》などについての記録を膨大な文書として残し、経済活動を国家が独占・管理するのに資するようにしたのである。[*7]

一方脱脈絡化という、コミュニケーションをそれが成立した場面から解き放つことによって、それを組み直したり検討することは、批判的活動の領域を拡大し、それとともに合理性や懐疑主義や論理の精緻《せいち》化をもたらした。

> むしろ、既存のものにとってかわりうるものが示される形式が、人にその違いを気付かせ、そこにある矛盾について考えるように強制し、論議の「規則」について意識させ、またそうした「論理」を是が非でも発展させるようにしてしまう、といったほうがよい。〔中略〕なぜか。つまり、言われたことが文字に移されるとき、それは細部にわたって点検され、それが全体についても部分についても、前とのつながりについても後ろとのつながりについても、またその脈絡においても脈絡を離れたものとしても、検討することができるからである。言いかえればそれは、話し言葉だけによるコミュニケーションには求めることができないような、まったく異なったタイプの検討や批評を受けるのである。言葉はもはや一つの「場面」にしばられてはいない。それは時を越えたものになる。[*8]

例えばメソポタミアでは医療が発達していたが、それも文字の効用の例として考えることができるとグディは言う。その発達は病気の症状が治療に関するテクストの中で整理され体系的に配列されることによって可能になった。

研究成果は書き写されただけでなく、何度も編集しなおされた。実際これらは書庫の中でももっとも変転のはげしい書物だったかも知れない。文字板の多くは処方書のみからなり、また症状や前兆をリストしたものもあったが、それらは時につれて追加されたり変えられたりしていった。人間の病苦をとりのぞくための一連の行為を集積し、書き記し、算定し、増やしてゆくというこの漸進的プロセスは明らかに、口語文化における病気の診断や治療と連続的なものである。けれども知識の体系化は、読み書きのできる医者を養成する活動が増えるに伴い、「現代科学」「合理的医療」「論理＝経験的活動」などさまざまに呼ばれているものに向けての大きな一歩が踏み出されたことを意味している。[*9]

リストと図表

こうして単なる話し言葉から書かれた言葉への移行によって、大まかに意識の変化とでも呼びうるような種類の重要な発展、そして部分的には、図表やリストによる形式的操作を大きく拡張することから生じた重要な発展が導かれると、グディは考えている。[*10]

読み書き能力あるいはリテラシーを、人は、書物を書く、小説などの文学作品を味読する力のことと思いがちである。「書物を正統視する」意識がそこにはある。手紙を書く・新聞を読むこともそこに含めてよいかもしれない。しかしそれがリテラシーのすべてではない。例えばスーパーで購入するものをメモ帳に列挙するというリストづくりを考えてみよう。これも立派な読み書き能力の駆使である。しかも買い物リストにはある重要な特徴がある。

> 買物リストは個人や集団の未来の予定表、また家計の要求するものに関した行動の時と場所を決める予定表を組み立てるひとつの方法である。〔中略〕青物屋で買う品物はひとまとめにし、それらを隣りのパン屋で買う物の次に書くことができる。こうして買い物リストはかなり正確な未来の行動を表わすように作ることもできるのである。〔中略〕これらは〔中略〕「計画」であり、しかも全体をまとめあげるメカニズムが具体化することによっていっそう決定的で永続的、かつより包括的で形式的になる計画なのである。*11

つまり買い物リストは、今後の予定を立て、それに向かって自らの行動を組み立てようとする計画、すなわち意志を可視化するものなのである。*12

しかしそれだけではない。リストには、音声のみのコミュニケーションの場合（以下「口承性」という）とは異なる意識の変化がみられるのである。

リストは話し言葉を直接的に表わすことはしない。むしろそれは会話とか演説といった普通の話し言葉形式に見られる連続性や流れやつながりといったものの対極に位置しており、それらを放棄するかわりにひとつの配列方法を採用して、（ほとんど）つねに話し言葉が発せられる場である広範な脈絡から概念や言葉の項目を切り離すばかりでなく、たとえば牛、五頭、ロバ、一四頭、土地、五ドゥナムス、椅子、八脚、テーブル、二卓などといった財産目録に見られるように、各項それぞれを互いに切り離すのである。[*13]

それは物理的な位置づけ、場所というものに依存している。またそれは異なった方向から、つまり横にも縦にも、上からでも下からでも右からでも左からでも読むことができる。そしてそれは明確な始まりと終わり、つまり布きれのようにひとつの境界、縁をもっている。最も重要なのはそれが、数や最初の音やカテゴリーなどによって各項を整理秩序づけることを促進することである。そしてこの、外にも内にも境界をもつということが、カテゴリーを非常に見やすいものにし、同時にそれをいっそう抽象的なものにしているのである。[*14]

このようなリストは古代メソポタミアでは、行政管理の手段であった。収入においては貢納の受領証や戦利品の明細書、支出という点では配給物の分配や役人の給与などという形をとった。取引を記録することは、メソポタミアでは官僚制のスムーズな運用という点でとりわけ重要なものであった。リストという形での「文字の存在が、経済を組織している国家と共に経済の発展をうながし、促進するものであったことは明らかである[*15]」。官僚制は、文字によるコミュニケーションすなわち文書の通達によって行政の意志を社会の末端まで行き渡らせようとする仕組みであるが、リストによる事務処理と深く結びついてもいるのである。「文字によるコミュニケーションの様式をとり入れることが、より広い範囲の、没個性的で、いっそう抽象的な政治体系の発展に欠かせないものであったことは明らかである[*16]」。

リストをより体系的に配列したものが図表といえようが、例えばエクセルで表を作るとき、空白のセルができることをあまり望ましいものとわれわれは思わないのではないだろうか。「表の配置は言語記憶を組織し、分類や想起に影響を及ぼし、同時にまた、ある点で純粋に口語的状況に無縁のものである空白の嫌悪といった認識過程を促進するのである[*17]」。さらに図表は、例えばセンサスを考えてみればわかるように、広範囲で多量の情報を組織するのにも使うことができるのである。

図表の問題点

しかし図表を使って体系的に物事を整理分類し配置することは、口承性の文化の特徴をゆがめるのではないかとグディは批判する。彼が問題にするのは、オックスフォード大学の社会人類学者ロドニー・ニーダムによる、ウガンダのニョロの象徴分類の研究である。ニーダムは、同僚のビーティらによるニョロの民族誌を再分析し、右vs左＝男性vs女性＝白色vs黒色＝健康vs病気＝生vs死＝吉兆vs凶兆などの二項対立を抽出し、配列表にまとめた[*18]（表1-1）。

この分析に対してはニョロを研究しているジョン・ビーティによる批判論文が既にあり、グディもそれを踏襲している。例えば黒色は、ある文脈では排泄物あるいは身体の溶解物＝神秘的死とみなされる、ひとつの社会的地位から別の地位への移行と同一視され、死や病気と結びつく。しかし、別の文脈では雨雲あるいは肥《ひ》沃《よく》な大地と同一視され、生や健康と結びつく。白色も清浄と結びつくこともあれば、白子（アルビノ）の場合のように、はっきりと忌避の対象になることもある。つまり場面に応じて色の持つ意味は異なるのであり、図表のどちらか一方に固定的にはりつけられるものではない。

またニョロのマハノのような両義的な観念[*19]も図式的配列からはとりこぼされてしまう。マハノとは、事物の中にある神秘的な力で、潜在的に危険で忌避されるものである。奇妙で奇怪な物事すべてはマハノであると言われる。しかし、それ自体は良くも悪くもない。例えば双子誕生がマハノの例であり、双子は危険視されるが、敬意をもって遇され是認されている。ニョロは事物をマハノが関連しているか否かによって、吉か不吉に分けるのではない。マハノは穢《けが》れと同時に祝福の観念も含んでいるのである。[*20]

つまり象徴的分類の図表は、文脈に応じて事物の性質や意味合いが変わる口承性の文化（あるいは野生の思考）の流動的な特徴を、固定化し硬直的なものとして曲解するとグディは批判するのである。[*21]

しかしグディのニーダム批判には、『未開と文明』の訳者の吉田禎吾《ていご》も指摘するように方法論

表1-1　ニョロの象徴的分類図式

左	右
王妃	王
女性	男性
臣下	首長
凶兆	吉兆
病気	健康
貧困	富
地	天
黒色	白色
危険	安全
死	生
悪	善
不浄	清浄
奇数	偶数
*呪占師	*王女
*神秘的職能	*政治的役職
狩猟	牛
裸	着衣
他言語	ニョロ語
野蛮	文明
太陽	月
自然	文化
異常なもの	分類されたもの
無秩序	秩序

＊：注目すべき特性

上の誤解や無理解も見受けられるし、この種の分析が当てはまるような口承文化の社会も実際に存在するのであれば、一概に象徴的分類の研究を否定することはできない。

しかし、文字に基づく図式性が口承性を生きる人々の経験をゆがめてしまうという政治性すなわち権力性と結びつくという点は重要である。それは、植民地時代に西洋人である植民地行政官による原住民統治政策に見出すことができる。このことを指摘したのがアフリカ史研究者のショーン・ホーキンズである。彼は、グディ自身が調査した北西ガーナのロダガアの植民地時代の行政官やキリスト教宣教師の文書、および独立後のロダガア出身のキリスト教牧師や民族学者による文書を読み解いている[*22]。

次節では、文書によって現地民の世界を捉えるという「支配する側」の「紙上の世界」（world on paper）が、現地民の流動的な経験世界をいかに捉え損なっているかを論じたホーキンズの研究を紹介し、民族のアイデンティティや結婚の定義を硬直的に捉えようとする紙上の世界の権力性の事例をみていくことにする。

流動的な民族の境界を固定する

グディが一九五〇年代から調査を続けてきた北西ガーナの民族は今ではロダガア（LoDagaa）

として知られている。彼らの居住地域は黒ボルタ河をはさんでブルキナファソ（前オートボルタ）と接しており、オートボルタ側を植民地支配していたフランス人の行政官や宣教師は、この地域の民族をロビ（Lobi）と呼んでいた。しかし黒ボルタ河流域の人々の多くはロビ語ではなく、ダガアレ（Dagaare）語族に属していた。

西は黒ボルタ河から東はクルウパウン河、南はベクポン河に接する地域をラウラと呼んでおくと、ラウラの人口は一九八四年に十五万六千百七十四人だった。ロダガアが人口の大半を占めていたが、シサラという異なる言語・文化集団に属する民族もいた。

しかし人々はロダガアの名の下にまとまっていたのではない。ロダガアが彼らのエスニックアイデンティティの指標ではなかった。ラウラとその周辺地域のダガアレ語族に属する人々は、ロポエル（LoPoeil：白ロダガバ）、ロサアラ（LoSaala：黒ロダガバ）、ロウィイリ（LoWiili）、ダガアウィリ（DagaaWiili）、ビリフォル（Birifor）、ロビ（Lobi）、ディアン（Dyan）、ガァン（Gan）、テグェシェ（Teguessie）などに分かれていた。[*23] しかしこれらとても周囲の民族による他称であった。彼らは、人類学者が無頭制と呼ぶ、王や首長などの統治者を持たない社会であった。近隣のゴンジャ王国のように、人々は臣民として王によって支配されることでそのアイデンティティが定まるということもなかった。[*24]

そのため、ヨーロッパ人の到来と植民地支配のもとで現金収入を得るための出稼ぎによる移動

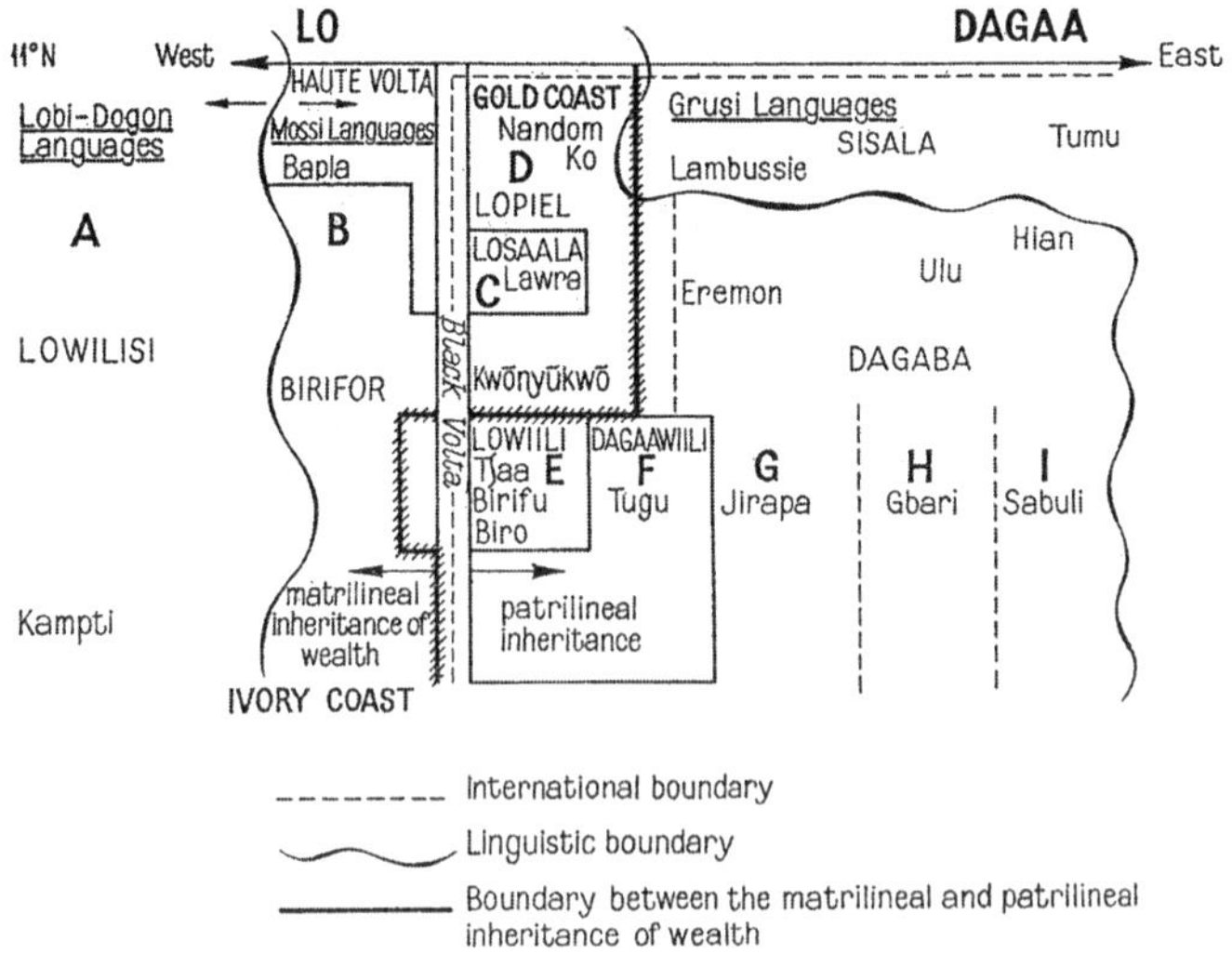

図1-1　グディがロダガアを概念的に分布させた図。破線が国境、緩い波線が言語の境界、太線が母系相続と父系相続との境界

が盛んになると、民族同士が入り乱れ、民族の境界は曖昧で、民族名も彼らを統治したり調査した行政官や人類学者によって異なるという事態になった[*25]。

そこでイギリス人によるガーナの植民地政府は、彼らの名称＝エスニックアイデンティティを定めて、地図の上で空間的に把握しようとする。またその場その場の状況に応じて揉め事や紛争を処理してきてなんら問題のなかった彼らの世界に、揉め事を裁き人々を統治する首長を任命し、慣習法を定め、判例を書類の上に残してきた。つまり文字の記された紙上の世界で、流動的な人々を統治＝固定化しようとしたのである[*26]。

そして他ならぬグディも「紙上の世

界」による区分けと無縁ではない。彼の最初の著作には言語集団と財産相続の原則（父系相続か母系相続か）の分布図が掲載されている（図1－1）。この図はグディのその後の著作にも繰り返し使用されている。[*27] つまりグディも図表を使用することで、のちに彼が批判したニーダム同様流動的な口承性の世界を固定的に捉える眼差しを実践していたのである。

こうした事態はアフリカに限らず、日本でも見られた。明治になると政府は、近代的な中央集権国家を実現するため、明治四（一八七一）年に戸籍法を制定し、氏と名によって国民すべてを把握しようとした。その際、人の特定を困難にする（実名以外に通称名を用いる）複名と改名自由の習俗は否定されることになった。つまり流動的に使用される個人名を実名一名主義の下に固定化しようとした。それは戸籍という文字で書かれた記録簿による管理を通じて行われたのである。[*28]

結婚と不倫の境目

流動的な経験世界を、画一的な枠組みに閉じ込めて理解しようとする「紙上の世界」の権力性は、いわゆる婚姻や姦通・かけおちをめぐる処理に、よりスキャンダラスに見出せる。

植民地行政官のイギリス人たちは、ヴィクトリア朝の性道徳・結婚観の持ち主であった。妻は夫に対して貞淑で家庭にとどまって家事をこなし、夫の嫡子を生むべきという考え方である。

ホーキンズによると、行政官は、ある意味で当然ではあるが皆男性であり、しかも独身者も多くいた。*29 彼らは結婚や夫婦生活の機微にも、また現地の男女関係にも通じていなかった。彼らは彼らの思い描くヴィクトリア朝イギリスで理想とされた性道徳・家族観を一方的に現地のロダガアに押しつけようとしたのである。それは揉め事を処理する裁判という「紙上の世界」においてであった。そこでは女性は訴訟当事者として出席することもなく、原告も被告も専ら男性であった。妻が他の男と駆け落ちして帰ってこないので妻の父親に支払った「婚資《こんし》」(bridewealth)を被告に弁償してほしいとか、妻を返してほしい、妻が生んだ子どもは自分の生物学的子どもだから、自分が父親であることを認めるようにといった訴訟が、男性・夫の視点で進行したのである。

既に述べたようにロダガアにはまとまった慣習法の体系があったわけではない。そこでイギリス人たちは、諍《いさか》いの対処例を年配者から聴取し前例として、現行の裁判に当てはめ、それを慣習法として文字に残していった。*30 植民地の裁判所はロダガア女性に妻としての立場をはっきりと自覚させ、男性との関係が「結婚」であると定めようとした。そして若く権力のない男が年長の男性や首長の妻を拐《かどわ》かし駆け落ちしたら罰しようとした。*31

しかし、これは現実のロダガアの男女関係や親子関係の実際とは大きくかけ離れていた。女性はその父親や親族によって別の男性に嫁がされる交換の対象ではなく、一緒に暮らす「夫」が気に入らず他に好みの男性がいれば、その男のもとへ自らの意志で駆け落ちする主体であった。その場合、駆け落ちは不倫（姦通）ではなく、単に新たなパートナー関係の成立ともみなせるものであった。

そもそもロダガアには婚姻という概念がない。結婚と訳されるのは「男のところへ行く」という場所と性別を限定した表現であり、そこには男女が一緒に暮らそうという同意があるだけで、未婚と既婚を明確に区別する婚姻儀礼があるわけではない。「結婚の終わり」も、「男が女を追い払った」とか「女が男のもとを去った」という「場所」的表現があるだけである。以下便宜上「結婚」「夫」「妻」という言葉を使うと、妻を得るためには三つのやり方がある。①「婚約」②「求愛」③「拐かし、あるいは駆け落ち」である。①②は③によってしばしば不安定なものになりがちであるが、ロダガアの考え方ではそれは罰せられるべきものではなく、むしろ男にとっては（他の男の女を奪ったという）威信の源ともいえるものである。[*32]

一方女性の側からいうと、次々と男の間を移動するということになる。二十世紀はじめに、ある女ははじめAという男と暮らし、子どもが三人生まれた。Aとの関係が終わりBと暮らすようになり、二人子どもが生まれた。やがてBが女を非難するようになると彼女はCのもとで暮らすようになり、彼との間でも一人子どもが生まれた。この間約十八年が経過している。[*33]このように子どもが生める年齢になると、女たちは生涯を生家とは別の世帯に移り住み、そこの住人として過ごすことになる。出自の決まりにより、女は「夫」の世帯の完全なメンバーになることはできず、生涯生家のメンバーのままであるが、非常に年老いていない限り、生家に長期間里帰りすることはできなかった。

女が男のところへ行くのに際して、男は女の父親や兄弟に「婚資」を支払う。通貨代わりの子安貝や牛・羊などが支払われる。婚資は五段階に分かれ、グディは女に対する権利を男が獲得するためのものと述べているが、ホーキンズによると実際には彼に与えられた女同様その権利もたやすく奪い取ることができたのである。[*34] 支払いはむしろ女の親族と男との関係の安定のためであったり、女が生んだ子どもに対する法的父としての権利を男が得るためのものであった。どこに住むかどの男と暮らすかについてロダガアの女には自由裁量権があったのである。[*35] また「愛人が家に入る」（*sen kpe dia*）という慣習もある。これは女性に「夫」がありながら別の男と愛人関係に入ることであり、愛人になる男は、「夫」の祖先への供犠の捧げ物を「夫」の世帯に提供する。それにより関係は姦通ではなく正式なものとなり、このあいだに生まれた子どもは「夫」の世帯に属することになる。[*36]

しかし植民地政府側はヴィクトリア朝的結婚を現地に根づかせようとした。ロダガアの多くの「結婚」は既に述べたことからわかるように、短命であり、生殖能力があるうちに前の男との関係を解消することは、関係をややこしいものにした。そこで植民地の裁判所は「再婚」と「姦通」を明確に線引きし、（前の）「夫」に「妻」に対する法的権利を与えようとした。駆け落ちは姦通であり、最初の「夫」の権利侵害とみなされたのである。[*37] しかしこれは「紙上の世界」のことであった。

「紙上の世界」による流動的な口承性の経験世界を固定化する試みは、女が生んだ子どもの「父親」は誰かを決める裁判にも見られた。

ロダガアのしきたりでは、男は、女と暮らすための一連の支払いをすることで女の生んだ子どもに対する保護権を得られるのであり、生物学的つながりが保護権を保証するものではなかった。父親（pater）とは生物学的父（genitor）を意味するものではなかった。しかし「紙上の世界」の裁判所の判断では、父親とは生物学的父のことだと定められたのである。[*38] 一連の支払いも、最初のものをすませていなければ、子どもに対する保護権を男に与えるものではなかった。

さらに、庶子というカテゴリーがなかったロダガアに、嫡出・非嫡出という区分を持ち込むことにもなったのである。最初の支払いは結婚＝保護権の付与であり、その支払いをしていない男性の生物学的子どもは嫡出子とはみなされないと、裁判所は判断するようになった。[*39]

このように植民地政府と独立後のガーナの裁判所は、それまでになかった分類や固定的な観念をロダガアの世界に導入し、それにより、彼らの世界を支配・統制しようとしたのである。[*40] これもまた、文字の導入と結びつくものである。

第二章

「活字は視覚を特権化する」か？

活字印刷文化の登場

グディがワットと共にリテラシーについての最初の論文を世に問う前年に、カナダのマーシャル・マクルーハン（一九一一―八〇）は『グーテンベルクの銀河系』を出版する。[*1] この書物と一九六四年の『メディア論』により、マクルーハンは現代文明論・メディア論の先駆者となり、時代の寵児《ちょうじ》として一世を風靡《ふうび》するようになる。『グーテンベルクの銀河系』は、「経験や精神の視野や表現などの〈諸形式〉が、最初は表音文字によって、次には印刷技術によって、どのような変化を蒙《こうむ》ってきたかをたどろうとする」（三頁）[*2] のを目的として書かれた。そこには、「文学のしきたりが口誦《こうしょう》、筆写、印刷という三つの形式によっていかに大きな影響を蒙ったか」を論じたH・

J・チェイターの影響があった[*3]（一三七頁）。

ここからわかるように、グディがコミュニケーションの様態を声と文字に二分化して論じたのに対して（口承文化と文字文化）、マクルーハンは、文字文化をさらに写本文化（筆写）と活字印刷文化に分け、とりわけ活字文化が西洋の人間の思考と感覚に与えた影響の大きさを考察しようとしている[*4]。

『グーテンベルクの銀河系』は、普通の学術書のようには書かれていない。この本には章立てがなく、アフォリズム（警句）的な細かな見出しあるいは主題が数多く設定され、続くページは、おびただしい数の引用から成り立っている。しかも一つ一つの引用が長く、かつ個別のアフォリズムあるいは主題と引用部分がどう関わっているか、にわかに理解しがたい箇所が多々ある。主題と引用は隠喩的に関連しているように思われるが、そうなると、「この本は伝統的に書物が書物であるために要求された直線的な進行、視点というものを欠いたアンチ・ブックである[*5]」といえよう。こうした叙述のスタイルは、これから述べるように、因果的な連鎖によって、あるいはある固定化した視点から透視画法的に構成される印刷技術によって、本が成り立っていることに抗するためである。そのことを十分承知した上で、以下の私によるまとめは従来の書物にありがちなように直線的に進行していくことをお断りしておく[*6]。

口承社会との違い

筆写と印刷の違いの考察に先立ち、口承社会と文字社会の違いをマクルーハンは、アフリカを研究した文化精神医学者Ｊ・Ｃ・カロザーズを引用しながら考察している。

> 田園地帯のアフリカ人たちは生涯のほとんどを音の世界で過《す》ごしている。そして、聴き手にとって自分の生活と直接関係があるような重要な意味をいっぱい宿しているような世界が音の世界なのである。それに比して西欧人たちは、自分にとってはがいして無関係な視覚世界により多く住んでいる。（三二頁）

カロザーズのこの文章を引用して、マクルーハンはアフリカの無文字社会と西欧の文字社会の違いを述べていく。「アフリカ人の子供は（五感のなかで）谺《こだま》のように反響する話しことばが作り出す暗示的で呪術的な世界のなかに住む」（三二頁）。そこは「耳の世界」であり、耳の世界は情熱にあふれた、いわゆる感覚過敏症的世界であり、他方、眼の世界は比較的冷静で、中立的な世界であるために、耳の文化のひとびとにとっては西欧人はまったく温みの

ない、魚みたいな人間として映るのである。（三三頁）

マクルーハンが紹介するカロザーズは、西欧人が、時間的空間的関係の高度な視覚化に頼っていることを再三強調する。この経験の視覚化という手続きなしには、西欧人の生を秩序づけるにあたって必要な原因結果の機械論的把握は不可能に思われる。他方アフリカの原住民の知覚生活が前提としている諸条件が西欧のそれとは全く異なっているという事実に注目したカロザーズは、聴覚中心の知覚から視覚中心の知覚へと生活様式が推移する場合に、書きことばが果たすと思われる役割について自問する。

ことばが記述されるとき、いうまでもなく視覚世界の一部となる。視覚世界を構成するほとんどの要素とひとしく、書かれたことばは静的な事物となり、聴覚世界一般、なかんずく話された語に特徴的であったあの力強さ、ダイナミズムを失ってしまう。（三四頁）

さらに（マクルーハンによる）カロザーズは考察を発展させ、文字使用社会にのみ許されていて、話しことば社会、文盲社会には望むべくもない「自由な観念形成」の分野に問題を移す。

ことばによる思考を行動から切り離すことが可能であり、またことばというものは直ちに外界での行動となって現われるほど効果的でもないし、また効果的でもありえず、発話者の内部に閉じこめておけるものであるという考えは、重要な社会文化上の意味合いをもっている。（三二五頁）

高度に発達した文字社会では、視覚が強調されたことによって外に現れる行動上の社会規範への遵守が強調される。その一方、音声化されない心の中の内なる言葉が、外面に現れた行動と離反しても許容されるが、内的な言葉が同時に社会的行動としての効果を持つ話しことば社会では、とてもそういうわけにはいかないのである。

しかし、視覚の強調は文字によってもたらされたとは単純にはいえない。それはとりわけ活字印刷によってもたらされたとマクルーハンは考える。「完全に同一で、繰り返しがきく活字の大量生産の経験を経てはじめて五感の分裂は起り、視覚の次元が他の感覚から分離したのだった」（八六頁）。では、文字が手によってのみ書かれていた時代や社会（写本文化）はどのようであったのか。

視覚の「切り離し」

写本と比べたとき活字印刷の特徴としてマクルーハンが強調するのは、五感のうち視覚が特権化され、他の感覚から切り離されるということである。写本は当然ながら手書きである故に、文字は不揃いで、書物は読みやすさという点で、安定しているとはいえない。

安定し、首尾一貫した性格というものは、いわば動揺しない眼差し、うっとりとひとつのものに見入る魅せられた視覚とほとんど等しいものだ。写本は総じて読むのにたいへんに時間がかかり、かつ不均一であるために、視点の固定化も、また思考と情報の単一化された平面に着実に入りこんでゆく習慣も育たなかった。（四七頁）

文字を写すのには労力が要る。写本の様子を描いている、残された西洋中世の絵画から判断すると、作業する机は傾斜が急で、ペンを持つ手も小指だけで机上に支えられていて、もう一方の手で羊皮紙に書かれた古い文字を消すナイフを持つとなると、羊皮紙に筆写するという作業は決して楽ではなく、修道院などでは、筆写は罪の償いの作業と受け止められていたほどである[*7]（図2-1）。緊張を強いる姿勢をたもちながら手を動かし羊皮紙に触れる写本という作業は、触覚という感覚とも深く結びついていたことがわかる。

また西欧の古代・中世においては、単語と単語を切り離し間に余白を入れる「分かち書き」ではなく、文字がたえまなく連続する続け書きで書物は書かれていたので、意味を捉えるために音読するのが一般的だった[*8]。写本は聴覚とも結びついていたのである。マクルーハンはドム・ジャン・ルクレールの『学問愛と神への憬れ』を引用しているが、そこでは、「中世においては古代におけると同様、ひとびとは今日の読書家とはちがって主として眼では読まず、口唇と耳とで読んだ」のであり、「頁を読むことは『頁の声』を聴く」ことだと述べられている。聖書の聖なることばの声高の音読は、発音された語の筋肉感覚的記憶および耳にした語の聴覚的記憶活動を引き起こし、聖なることばを繰り返し咀嚼《そしゃく》することは、祈りや瞑想に結びついていくのである（一四〇頁）。このように写本文化は「強度に聴覚・触覚的な文化」であり、「すべての感覚の共鳴、相互乗り入れによる参加をもって成立するのである」（四七頁）。「写本文化が、五感のなかから視覚だけをひき離し、孤立させてしまうような視覚強調を目的とした文化ではなかった」（一五五頁）。

図2-1　中世絵画に残された筆写作業の様子

しかし印刷術が発明されると、文字と諸感覚のつながりは大きく様変わりする。

写字生によって同じ書物でも字が異なるゆえに読みやすさも異なり、（字の大きさや配列により）頁数が異なる写本と違い、均質で画一的な活字で印刷された同一の書物が大量に流布《るふ》する。グーテンベルクのゴチック体より小ぶりのイタリック体の発明によって書物の小型化が可能になると、読者は私的に書物を所有することが可能になる。もはや図書室でのみ本が読まれることはなくなった。書物と読書の歴史の古典である『書物の出現』においてフェーブルとマルタンは、十六世紀を通じて自分の蔵書を所有しようとする人間の数が増加し、さらにそれらの蔵書が質量ともに充実し続けたと、残された個人蔵書目録をもとに述べている。官職保有者や法曹家の書物への需要は聖職者を遥かに上回り増大し続け、パリの都市富裕民や商工業者も多数の蔵書を所有できるようになったのである。[*9]

また写本時代に、アイルランドで始まった分かち書きにより、音読しなければ意味がとれないということがなくなると、黙読という習慣が次第に広まっていく。[*10]既にそれは写本時代に始まっていたが、私的空間で書物を一人で黙読できるようになることは、読書を聴覚から引き離すことになる。マクルーハンはH・J・チェイターを引用して次のように述べる。

十二世紀の聴衆は連続物のかたちで朗読を聴いたものだ。だが今日では、「われわれは自分

> の好きなときに本を開き、読むことができるだけではなく、望みとあらば前の頁にもどることすらできる。要するに写本から印刷へという進歩の歴史は、アイディアを伝達したり受容したりする方法を聴覚的手段から視覚的手段へとすこしずつ置き換えていった過程の歴史であった」。（一三七―一三八頁）

印刷本は写本に比べ読みやすく、読者に安定した姿勢と視線を与える。それは読者が固定した視点から本という対象物を見つめて読むことを可能にする。この視点の固定化すなわち「動揺しない眼差し」（四七頁）は、透視画法（遠近法）によって準備されていた。「自分が坐っている場所」というような「固定された位置からの展望」という視覚の強調は、透視画法的視点が生まれる前提条件であった。

> イタリアのマサッチョとか、北欧のヴァン・アイク兄弟のような〈前衛〉画家たちは、十五世紀の初頭にすでに絵画的空間、もしくは透視画法の実験をはじめていた。そして活版印刷術が発明されるほんの十年前である一四三五年には、まだ若かったレオン・バチスタ・アルベルティは絵画と透視画法についての、当時の絵画界に多大な影響をおよぼすことになる論文を書きつつあった。（一七三頁）

ルネッサンスになると、透視図法は正式な技術としての地位を確立し、たんに絵画の分野にとどまらず、すべての領域にわたって〈固定した〉視点の確立を要請したのである。このような個人主義的な姿勢《スタンス》は印刷文化に共通なものであり、写本文化とはまったく関わりのないものであった。〔中略〕なぜならば、写本家が生み出す高度に触知的な生産物は当時の読者に、のちの十六、十七世紀の読者がおこなったような聴覚複合からの視覚の切り離し、といった思い切った操作をあえてなさしめるほどの手掛りを与えなかったから。（八八頁）

グーテンベルクが、鋳造《ちゅうぞう》された活字を組版してページ単位で印刷する複製技術である活版印刷を完成させたのが一四五五年頃ともいわれているのであれば[*11]、アルベルティの透視画法についての研究はほとんど同時期であり、「視覚の離陸」は同時代的現象と言ってよいだろう。それは写本時代には不可能だったのである（一七四頁）。

そっくりそのまま反復可能になる

全く同一の書物が制作される。この「活版印刷の中に内在する寸分たがわぬ反復可能性という、明白この上ない性格」（一一三頁）は書物だけに見出せるものではない。マクルーハンは、ウィリアム・アイヴィンズの『版画と視覚型コミュニケーション』を引用する。

> 本とは、本文をそのなかに含むものである以上、そっくりそのままに反復可能な順序で並べられた、そっくりそのままに反復可能なシンボルを収めた容器であるといえよう。〔中略〕だが活字本ではなく、絵画の印刷となると、はるかに積極的な意味をもっていて、全く新しい要素を導入したのだった。印刷の面が磨滅しないかぎり全く同一の絵画的情報を繰り返し刷り出すことがはじめて可能になったからである。このひとつの絵画的情報をそっくりそのまま反復できるということはあらゆる種類の知識と、思想、そして科学と技術にはかりしれない影響をおよぼしたのである。書き文字の発明以来、この絵画的情報の反復技術ほど重要性においてまさる発明はなかったといってもいいすぎではあるまい。（一一三頁）

知識や情報が広範囲に共有されるようになる。その場にいる当事者だけで分かち合われていることで成立した対話を、印刷は「いわば情報の小包み、持ち運びできる商品へと翻訳したのだった」「印刷は価格システムを作り出した」。それにより、「印刷は人間のことばや認識感覚にひと捻《スピン》り、もしくは偏向を与え」るようになったのである（二五一頁）。ではどのように捻りを与えたか。出版の商業化とその影響について論じる前に、この点をみておこう。

印刷された書物が思考を規定する

活版印刷の技術によって形と大きさが同じ活字、同じページによって構成された同じ書物が複製・反復され世に流布する。それは写字生ごとに異なる文字が記された写本にはなかったことである。均質な文字が一定方向に順序よく連なる書物という空間は、文字を眼で追っていく方向も定まっており、始まりは終わりを、原因は結果を生むことになる空間、あるいは始まりと終わりが明確になっている空間である。対象をはっきり限定し、視覚化して提出する技術は、均質な時間、均質で連続する空間という抽象的な時間空間を作り出す。

そしてこのような均質な時間空間のなかでは「原因」はすぐ「結果」を生み出し、それがまたすぐ原因になるという連鎖性をもつために、事象は同一平面のうえでつぎつぎと連続的に発生してゆく。(三二頁)

こうした抽象的時空間が西洋人の思考様式をも規定していくことになる。その例は、ピエール・

ド・ラ・ラメの論理学に見出される。

ピエール・ド・ラ・ラメはペトルス・ラムスのフランス語名である。ラムスは十六世紀の人文主義者で、中世以来の伝統的スコラ哲学に改革を挑んだ人物である。彼はスコラ学が絶対的権威として仰ぐアリストテレスの論理学を批判した。アリストテレス論理学は、論証論理学・弁証術（ディアレクティック）・弁論術（レトリック）・詭弁術の四つの領域からなるとされる。当時の大学では、それをもとに自由七学科（文法学、レトリック、ディアレクティック、代数、幾何、音楽、天文学）が教えられていた。

ラムスはこのうちのディアレクティックとレトリックを問題にしたが、彼は二元論的に議論を展開していく。まず「精神・認識 vs 表現・伝達」という二元論が設定される。ディアレクティックは精神・認識の領域に属する。一方レトリックは表現・伝達の領域に属する。そして弁論術として体系づけられた古典レトリックの五部門の構成の見直しを行ったが、ここでも二元論的に論証が進められていく。五部門のうち第一部門「発想」（*inventio*）、第二部門「配置」（*dispositio*）、第四部門「記憶」（*memoria*）はいずれも精神の作用に関わるのでディアレクティックであり、残る第三部門「措辞《そじ》」（*elocutio*）、第五部門「口演」（*actio*）ないしは「発声」（*pronuntiatio*）のみがレトリックに属すると定められた。そして「措辞」は「転義」（*trope*）と「文彩」（*figure*）の二つに、「発声」は「声」（*vox*）と「身振り」（*gestus*）の二つにそれぞれ分岐させられ、一般から個別へとすすむ二元的図式が徹底的に適用された。[*12]
マクルーハンが引用するラメについての研究で、後に『声の文化と文字の文化』を出版するウォルター・オングは、こうした二元論的整理が視覚的・図式的・箇条書き的・空間的・幾何学的なものであり、そこに活版印刷の普及の影響を見て取った。ラムスの「項目別による箇条書き的アプローチと分類による視覚的方法が印刷工程に似ていても驚くべきことではないのである」（二六六頁）。

それはわれわれに印刷工程それ自体を想起させる。つまり、語が活字として印刷の型枠のなかに押し込められるのと全く同じやり方で、取り扱う対象も空間のなかに押し込められた部品から成り立っているという仮定のもとに、対象に組織構造を押しつける。（二六六頁）

連続的な論述の作成は、すでに存在する部品〈内容の均質な語句〉を並べながら、空間的パターンを作りあげてゆく過程、すなわち「同じ号数活字箱から取り出された活字を並べてゆく組版の過程」をモデルとしているというわけだ（二六七頁）。

この視覚的、連続的、画一的、線形的なるものの圧倒的な例証としての印刷は、科学的思考をも規定する。ニュートン物理学についてマクルーハンは、ホイッタカーの次の文章を引用している。

ニュートン主義はアリストテレス主義のように、事件相互の繋《つな》がりをたどることで世界を理解しようとする試みである。そしてこの試みはわれわれの経験を因果関係の範疇のなかで整理する、つまりあらゆる現象に対してその出現を決定づけた因子、もしくはそれに先立つ状況を発見することで達成される。この繋りはすべての事件を包括する普遍的なものであり、いかなる事件も原因なしには発生しないという断言が〈因果関係説の基礎条件〉なのである。（九〇頁）

さらにそれは十六世紀の人間の感受性に影響を与えないではおかなかった。視覚優位のなかで声と聴覚に関わる「発声」が軽視されていくのである。

活字印刷がナショナリズムと個人主義を生む

フェーブルとマルタンは、印刷技術の発明から一世紀ほどの間で最も大量に作られた本はポケット版祈禱《きとう》書と聖務日課書であると述べているが、それは図書室で閲覧する貴重な本という観念がなくなっていることでもある。そして本をどこでも手に入れ持ち運びできるようにするという要求がますます高まることは大きな読書人口と販売市場の開拓につながる。より多くの読書を求めて印刷による本の出版発行は、産業社会・市場経済・資本主義社会の成立をもたらす。*[13]

印刷された本を読む読者（消費者）としてターゲットになるのは、西欧の国際共通語であるラテン語が読める聖職者というエリートではなく、一般人にまでひろがろうとしていたのである。そのとき、本が出版される国の自国語本が発行されるようになり、一五三〇年代を画期として自国語の本とラテン語の本の部数が逆転し、自国語本はやがてラテン語本の発行部数を大幅に超えていく。「たとえば、アラゴン王国では、一五〇一年から一五一〇年までの間にラテン語で二五種、スペイン語で一五種の書物が出版された。それに続く三〇年間には、一一五種がラテン語で、六五種がスペイン語で出され、次いで一五四一年から一五五〇年の間には、ラテン語でわずか一四種、スペイン語では実に七二種が出版されることになる*[14]」

十七世紀末から十八世紀初めにかけてラテン語は多くの国でその国語によって排除されていくのだが、それより早く印刷術による自国語本の発行は、十六世紀になると、書物における言葉すなわち文章語としての地位を諸国語に与えるようになる。それと軌を一にして文法が構築され、さらに言葉の表記における規格統一化が促されるようになったとフェーブルとマルタンは述べている。*[15]

かくて統一的な国語すなわち民族の言葉（標準語）が定められるのだが、それは印刷術がもたらしたものである。「印刷術は、経済上の理由から各国の国語による出版活動の興隆を招来し、その結果、最終的には各国の国語の発展とそれによるラテン語の排除という結末をもたらしたのであった。この発展のために、結局のところ文化世界が分割されてしまったのである」[*16]。ここにナショナリズムと印刷術の結びつきをマクルーハンは見出す。「まずもっておのが民族の言葉を活字にして視る、という経験のなかったところにはナショナリズムはありえない」（三三三頁）。

ナショナリズム成立の背後に出版活動が存在することに着目したのがベネディクト・アンダーソンの『想像の共同体』（初版一九八三年）であることはよく知られた事実であるが、実はマクルーハンも同様の見解をアンダーソンに先駆けて提示していたのである[*17]。

ナショナリズムが活字印刷によってつくられるということはまた、マクルーハンにとって活字印刷の促す読者の固定的視点と透視画法ともナショナリズムは結びつくということだが、それは国家と個人の両義的関係をもたらす。「ナショナリズムは印刷、そして透視図法および視覚的数量化とともに発生した『固定された視点』に依存し、またそれから由来している。しかしながら、固定視点は集団的視点、個人的視点、また両者の視点でもありうるので、したがって、さまざまな見解の相違、衝突を惹起させる」（三三七頁）

マクルーハンはここでアメリカの歴史学者カールトン・ヘイズを引用する。「自由主義的ナショナリズムは国民国家の完全な主権を強調したが、他方、それぞれの国民国家内部の個人の自由、すなわち個人の政治的、経済的そして宗教的自由を強調することで、この国民主権の原則が含意するものに制限を加えようとつとめた」（三二七頁）。活字印刷による視覚の分離が促す「ナショナリズムはすべての個人、すべての国民の間における等しい権利を主張する」のである（三三六頁）。「印刷は画一的な国民生活や、中央集権主義的政府を生み出したが、同時に個人主義や反政府的態度も生み出した」のである（三五八頁）。

この個人主義の標榜《ひょうぼう》はときに以下のような形でも現れる。すなわち、〈アウトサイダー〉、疎外された人間の創造である。彼は直感的で〈非理性的な〉人間の典型として創造されたものである。

われわれはここ数世紀を費して精力をそそぎこみ、気違いのようになって印刷技術で口語文化を滅ぼしてきた。そのために商業社会のいわば規格製品であるわれわれは、かえってときに観光客として地理的な周辺文化を求めたり、あるいは消費者として芸術のなかに周辺文化を求めたり、いずれにせよ口語的な周辺部へと、ときたま帰還することが可能なのである。十八世紀の人間は、いうなればメトロポリタン歌劇場で余暇をすごしはじめたようなものだ、ということができよう。彼等はみずからを洗練し、均質化し視覚化した結果、自己疎外を起し、そのためにかえって自然人を求めてヘブリディーズ諸島へ、インド諸国へ、南北アメリカへ、そして超自然的な想像力へ、とくに幼児時代へと旅立ったのであった。D・H・ローレンスをはじめとする作家たちはこの現代のオデュッセウスを心から歓迎し、再現したのだった。それはもはや自動的に行われた行動であった。芸術というものは頭でっかちになってしまった生へのたんなる償いとなりがちなのだ。（三二二頁）

彼ら〈アウトサイダー〉が向かった先は、それゆえ部族的な、非文字社会の世界であったが、そこは十八世紀イギリスの新古典主義を代表する詩人アレクザンダー・ポープが「混沌と原始の夜」と呼ぶ世界だった。〈アウトサイダー〉にとってそこは無意識の領域でもあるが、無意識とは視覚の分離が意識の領域から排除してしまったわれわれの経験のほとんどであり、それが異常発達をみた世界が部族的・非文字社会であったが故に彼らは惹かれたのである[*18]（三八七頁）。

このように考えられるなら、従ってグディのような、部族的な非文字社会への関心を持ち調査する文化人類学者を作り出したのも、またそこを植民地化し宗主国の言語と文字を押しつけ産業社会資本社会に組み込もうとした西欧の近代国家も、活字印刷術がもたらしたものといえよう。

聴覚の呪術的世界から離脱する

このようにマクルーハンを解釈していくと、グディのように声と文字の間に隔たりを認めるだけでなく、写本と活版印刷の間にマクルーハンは大きな断絶を見出しているように見える。しかしそう言い切れないのは、「文化変容の理論は、五感のさまざまな外化に応じて変化する感覚比率に関する知識なしには樹立不可能である」という章には以下のように書かれているからである。

> アルファベットや印刷物の役割は言語、芸術および社会・政治生活の全領域にわたって視覚に優先的な役割を与えることにあった〔中略〕人びとが他の要素をさしおいて視覚的要素を格上げするまで、共同体はただただ部族的構造に終始する以外には手がなかった〔中略〕個人の非部族化は、すくなくとも過去においては、文字使用、そして特に表音文字使用だけが育てることができた強度な視覚的生活のみに拠っていた。表音文字アルファベットには個人の非部族化に手を貸すだけのじゅうぶんなユニークさがあっただけではなく、それはかなり後代になって現われたものだった。〔中略〕書字行為は非視覚的空間および感覚の囲い込み〔中略〕それは自然に行われている感覚の相互作用から視覚だけを切り離し、抽象する行為となる。そして発語《スピーチ》が全感覚の外化（音声化）であるのに対し、書字行為は発語を抽象化する行為である。（七〇頁）

情報社会論の合庭惇《あいばあつし》は、それゆえ、マクルーハンの見解に従うなら視覚の切り離しがアルファベットという表音文字によって準備され、活字印刷技術が一気にそれを加速・実現させたと考えている。非文字社会のコミュニケーションは声を話す―聴くという聴覚を媒介にしており五感のバランスがとれていたが、「音から意味を取り去り、つぎに音を視覚的なコードに移しかえるという二重の作業をともなう表音文字の発明があってはじめて、人間は自分たちを変質させる経験に取り組みはじめる」（三八頁）ことができるからである。[*19]

しかしだとすると、口承文化との間に隔たりがあるのは文字全般ではなくアルファベットのような表音文字だけということになる。

> ただ文字を書くという行為だけでは表音文字がもたらす非部族化現象〔部族化現象とは、口承社会においてコミュニケーションは力をもつ声を媒介としている故に、聴覚が呪術性をもち、かたや視覚は中立的状態にあるということ〕は生じない。〔中略〕他方、絵文字や表意文字、さらには象形文字も含めてすべて一様に、表音文字がもつ非部族化への力を持ちえない。（三八頁）

アルファベットは視覚と聴覚を分離し両者の関係を断つのみならず、それぞれそれ自体では無意味な文字と音とが恣意的に結びつけられているという関係をのぞいては、すべての意味を文字の音から切り離すのである。音自体、形それ自体としての意味以外の意味がいささかでも視覚化されたり、音声化されたりしている限り、視覚と他の感覚との分離は不完全な形でのこる。たとえば表音アルファベット以外のすべての文字ではそうなのだ。（七五頁）

中国とインドのような地域はまだ基本的には聴覚・触覚社会である。（三二六頁）

しかも、アルファベットの表音文字を使用する西欧中世の「写本文化が、五感のなかから視覚だけをひき離し、孤立させてしまうような視覚強調を目的とした文化ではなかった」（一五五頁）。

それゆえ、口承社会における聴覚中心の呪術的世界と文字社会との間に隔たりが生じるのは表音文字の活字印刷技術によってであり、印刷以前の、あるいは表意文字・象形文字による書字の世界と口承の世界は地続きの可能性を残しているのである。

そうではなく、口承の世界と文字の世界全般の間には、隔たりがあると考えるのがマクルーハンの弟子でもあったウォルター・オングである。

オングによる声の文化論

グディのリテラシー論と同様の主張を展開しているのが『声の文化と文字の文化』のオングである。[20] またマクルーハンの研究の成果も踏まえて、[21] オングは、口承性のみの文化から文字の登場と写本の時代、活版印刷の発明とそれ以前の写本の時代の違い、ついで活字印刷による書物の複製化の時代が西洋の心性に与えた影響を論じている。しかしグディ同様、文字以前の声の文化と文字の登場とのあいだにある大分水嶺を強調する。

オングによれば、文字の文化で育った研究者は声の文化と文字の文化の大きな隔たりに気づかず、文字の文化ゆえの捉え方で声の文化を誤解してしまうという。例えば民俗学では昔話やことわざなどを口承文学（oral literature）としばしば呼ぶことがある。しかし文学（literature）とは文字で書かれたものが原義である。純粋に口頭による伝承を口承文学とよぶのは、「馬を車輪のない自動車と考えるようなもの」であり、「書かれたもの」の一変種として捉えてしまうことなのである。それは「読み書きができる人は、読み書きを知らない純粋に声の文化に属する人びとにとってことばがどういうものであるかということを、十分に想像することができなくなっている」ことである。書くことに慣れたわれわれはことば（語）を「モノ」のように思い、解読すべき目印として受け止めてしまうが、無文字社会の人びとはそうではないのだ。[22]

では口頭伝承は書かれた文学とどう違うのか。古代ギリシアのホメロスの叙事詩や現代のアフリカ、ユーゴスラビアの口承の物語についての研究を参照しながら、オングは次のように違いを述べている。[*23]

文字で書かれた物語にはプロット（筋立て）がある。プロットはクライマックスに向かってすすみ、そこで例えば真実が暴かれると、事態は急展開し大団円に向かう。それは結び目を作ってほどくことに喩《たと》えられる。こうしたプロットは、エドガー・アラン・ポーを嚆矢《こうし》とするといわれる探偵小説において完成形態に達する。

しかし声の文化では、叙事詩や小説より短い物語でさえ「丹念に、うむことなくクライマックスへ向かうというやりかたでは組織することができない」。一つ一つのエピソード（挿話）は厳密な時間的順序で組織されることがなかった。「話を軌道にのせるのにてこずるのが、口誦詩人たちの特徴である」

では口承叙事詩で大切なこととは何か。それは伝承され記憶された決まり文句やスタンザ（韻律を持つ詩行の節）の型にある。叙事詩の歌い手が思い出すのは、「記憶されたテクスト」ではなく、「他の歌い手たちがかつてそれを歌い、かれがそれを聞いたところの主題やきまり文句である。かれはそれをいつも違ったふうに思いだす。つまり、特定の場で、特定の聴衆のために、自分流にそれを朗誦する〔中略〕、つまり縫いあわせる」「歌は、かつて歌われたもろもろの歌の思い出なのである」。かつて歌われた（あるいは語られた）もろもろの歌や叙事詩・物語についての記憶をその場でよみがえらせ、歌い手と聴衆が相互に働きかけ合うことで新たな叙事詩ないしそのエピソードが生まれることが声の文化の真髄なのである。語りあるいは語られる声の共同性が大切なのであり、「伝統的なことばの組み立ては手の動きと結びついている」*24。オーストラリアアボリジニーは、歌いながらしばしば紐の模様をつくり、アフリカの吟遊《ぎんゆう》詩人には弦楽器や太鼓がつきものである。話されることばはつねに身体を巻き込むのであり、声の文化では聴覚と触覚が連動するのである。このようにその世界が文字の文化とは大きく隔たっていることをオングは強調するのである。

グディ同様オングにおいても（そしてマクルーハンによっても部分的に）、文字の出現によって声の文化や口頭でのコミュニケーションは大きく変質・進化したと捉えられているが、こうした文字と声の捉え方に、では問題はないのだろうか。それを次に考えてみたい。

第三章

なぜ文字が「届けられない」か？

大分水嶺説への批判

コミュニケーションの様式として文字（書承性）と声（口承性）は異なるという自明の事柄が、人間の認識にどのような影響や効果を与えるのかを考えようというのが、第一章で取り上げたグディの研究の出発点であった。人間の内面の思想は、文字という物質として外在化し、特定の場所と時間を超えて形として永らく残り続ける。そのため、粘土板、羊皮紙、紙に残された文字を吟味検討する批判的精神を涵養《かんよう》し、さらにその検討結果を文字として、口頭伝承では見られないような図式や論理記号で残すことも可能になり、それが科学や学問（例えば論理学や文法）の発展を促すというのがグディの基本的な考えである。

口承性から書承性へという移行とともに、コミュニケーションの様式のみならず、人間の思考様式あるいは心性にも変化あるいは進化が認められるということの考え方は、「移行」とは大分水嶺を越えるようなものだと考えているということでもある。人類学者の属する現代社会から見るなら、こちら側の書承性の文化には進歩的、都市的、経済発展、文明化、世俗的、科学的、個人主義的、異種混淆《こんこう》的、洗練、合理的などの特徴があり、向こう側の口承性の文化には、非創造的、呪術宗教的、同質的、共同体的、感情的、因習的など「未開社会」の特徴がある。[*1]

同様に古典学・英語学のウォルター・オングも口承性について、①累加的（そして、そして、そして……と叙述が続く）、②累積的（エピソードを積み上げ、分析的でも推論的でもない）、③冗長ないし多弁的、④保守的ないし伝統主義的、⑤人間的な生活世界への密着、⑥闘技的なトーン（ことわざや謎々を用いるのは、相手の関心を言葉による知的闘いに引き込むためということ）、⑦感情移入的、⑧ホメオスタティック（現在との関連がなくなった記憶を捨て去り恒常性を維持する）、⑨状況依存的、という特徴を挙げている。[*2] これを裏返せば書承性の特徴ということになり、書承性によって前論理的心性から論理的心性へ移行したとオングも考えている。

しかし、書承性を獲得すれば分水嶺を自動的に越えられるものなのか、またそもそも書承性を獲得するとはどういうことなのか、口承性と書承性の境界面にもっと目を向けるべきではないかなど、グディやオングの見解に対しては様々な批判が投げかけられてきた。その代表格としてブライアン・ストリートの研究を挙げることができるだろう。[*3] ストリートは、文字の発明が人間の思考様式を変化させ論理的思考や科学の進歩をもたらすというグディのような考えを、自動的モデル（autonomous model）と呼び、彼自身が支持するイデオロギーモデル（ideological model）と対置して批判した。ストリートの立場の先駆は、グディの編集になるリテラシー論集に寄稿したキャサリン・ガフによるグディとワット批判に見出される。[*4]

例えばインドでも中国でも文字が発明され文明が発達したが、ヘブライ人のような世界の始まりから終末に至る直線的時間観念とは異なり、宇宙や世界が循環的時間の中に位置すると捉えられていて、文字の出現が自動的に一種類の（西洋近代科学と結びつく）直線的時間観念をもたらすわけではなく、古代ギリシアと中国・インドはともに文字を発明したとはいえ違いが大きいと、ガフはグディらを批判している。識字率は（中央集権的）政治・経済的体系の原因ではなくむしろ結果であり、それゆえに社会階層や職業の階級によって識字率が異なるのである。社会ごとの価値観や理念（イデオロギー）体系は、テクノロジーや社会構造によって条件づけられるが、同様に政治形態や識字能力の利用の仕方に作用して社会構造を形作るのである。イデオロギーや政治・経済的形態の中で文字の使われ方を考えるこの立場が、ガフ自身はそう呼んでいないが、イデオロギーモデルである。

またストリートは、オング自身が書承社会の人間なのだから、彼が述べる口承性や無文字社会の特徴も書承社会の人間ゆえの偏向から免れていないと批判する。オングの試みは、民俗学や文化人類学の研究が明らかにしている現存する無文字社会の伝承についての特徴を、西欧の過去の口承時代の特徴に投影しているに過ぎないというのである[*5]。

人類の進歩は一種類しかなく、同時代の異なる空間に属している、停滞しているかにみえる文化の事例を自らの文化の過去の事例に当てはめることができると考えるのは、自文化中心主義的な偏見であるとかつてレヴィ＝ストロースは批判したが[*6]、オングの見解もまさにこの偏見を免れていないのである。真の文字は事物の再現（representation：表象）ではなく語の音を写実的に再現（表象）しているものであり、それはアルファベットであると定義することにも、この自文化中心主義は現れている[*7]。

しかし、アルファベットが必ずしも表音文字といえないことは、ケンブリッジ大学のカレッジMagdalene は「モードリン」と発音するし、Göteborg はゲテボルグではなくヨテボリ（イェテボリ）とスウェーデン語で発音されることからもわかる。読み方は生活世界の文脈から切り離せない。アルファベットが語の音を正しく再現するとしたら、無文字社会の言語を筆記するために言語学者が用いる慣用的表記法を用いるべきだろうが、ごく一部の学者が用いているものが、広範囲の人びとの認識の変化をもたらすとはとてもいえない[*8]。

オングは文字で書かれた物語の特徴について、探偵小説（推理小説）に典型的なように、プロットがありクライマックスをへて大団円に向かうと述べていたが、[*9] ある形式的枠組みの中で、高揚してまた鎮《しず》まる（つまりクライマックスから大団円へ）という運動変化を示すのは遊び一般の特徴であり、それは古代社会や部族社会の聖なる祭式にも共通しているとホイジンガが述べていたことを思い出すべきであろう。[*10] グディやオング、さらには彼らのような自動的モデルに依拠してリテラシーキャンペーンを推進する機関・団体は、文字を持たない社会の人々がリテラシーという新たな書き込みを待っている「白紙の書き板（tabula rasa）」と想定しているが、ストリートの言うようにそう単純に決めつけることはできないのである。[*11]

一方で口承物語の特徴とされるエピソードの積み重ね（累積）と結末になかなか向かわないという傾向も、産業化社会の新聞連載小説（例えば代表的なものに十九世紀フランスの『さまよえるユダヤ人』がある）に対応物を見出すことができるとレヴィ＝ストロースは述べている。[*12] 大分水嶺を見つけるのは困難であるともいえる。

またそもそも現存する無文字社会も、実は文字との交流の中にあったのだから、全く文字の存在を知らなかったとはいえないのである。このような場合グディは、文字が無文字社会に入ってきても書承性は限られており（restricted literacy）、文字を読み書きできる一部の人間はとりわけ呪術的な力を獲得することがあると述べている。[*13] しかしどのような社会においてもすべてのメンバーが同様の水準で読み書きできるとはいえないのだから、限られた書承性という概念が有効なのか疑問であるともストリートは批判している。

ヌクラエラエ環礁の手紙

では、もともと文字がない社会に文字がもたらされて手紙を書くことを覚えた人たちは、受取人にどのような手紙を書き、どのように配達してもらうのか。人類学者のニコ・ベズニエは、ツバル共和国のヌクラエラエ（Nukulaelae）環礁《かんしょう》の事例について報告している。*14 彼によると、二十世紀後半の人口がせいぜい三百人前後の、この環礁に文字がもたらされたのは、もともとは口頭によるコミュニケーションしか存在しなかったこの環礁に文字がもたらされたのは、太平洋の島嶼《とうしょ》のご多分に漏れずキリスト教の宣教師によってだったが、彼らはサモア人であった。宣教師たちはアルファベットで表記されたサモア語の聖書を通じて文字を教え、キリスト教を布教しようとした。教会で話す言葉にもサモア語を用いた。

それまで文字を持たずツバル語を話していたヌクラエラエの人たちは、彼らの生活にアルファベットを流用した。ヌクラエラエ環礁では誰もが文字を読み書きできる。彼らは、ツバルの他の環礁やツバルの外の島々に出稼ぎで移住した家族や親戚らに手紙を書いて、島から出かける旅人に託す。島には月に一回政府の職員が船で訪れる「船の日」があり、この船に乗って旅人は出かけるのだ。[*15]

ヌクラエラエの口承のコミュニケーションでは、感情をあからさまに表現するのは不作法だとみなされている。しかし文字を使うことで彼らはより深い感情を表現することができるようになった。手紙を書くことによって、メッセージの受信者に自らの感情を訴えようとするのである。ヌクラエラエを一九七九年から八五年にかけて断続的に調査したベズニエが収集した手紙を、いくつか紹介してみよう。[*16]

【ナヌマガ環礁の若い女性がヌクラエラエ環礁の義兄弟に宛てた手紙】

だからお兄さん、義理の兄妹関係を結ぼうと言ってくれて、私は本当に嬉しかった。そのことを両親と兄弟にも話して、みんなとても喜んでくれた。

【二十代の若者が同年代の友人に宛てた手紙】

私たち二人にとって、あなたから手紙をもらうのは、いつでも最高の喜びです。心の底からのあなたへの愛を、私たちはそのとき感じるのです。あなたからもらった手紙を読んで私たちは泣き出します、だっていつもあなたのことを考え続けているから。

> 僕はいつも君に会っていたいと思っている。離ればなれにはなりたくない。心の中で思っていることをいつも手紙に僕は書いている。もう耐えられそうにないから。どうやったらもう一度そこに行けるかを考えると途方に暮れそうになる。

手紙における感情表現が強さを増すのは、別れのときである。特にきちんとした別れができなかったときは悲しみの感情が強まる。

> さよならを互いに言わなかったから、私はとても悲しい。ヌクラエラエ環礁に旅したのはこれが二度目だけれど、私が帰るときにあなたも私もさよならを言わなかった。なぜそうしなかったのか。たぶん気持ちの上であなたもとても感じやすかったのだろう。

> 君にさよならを言わなかったことを心から謝りたいと思う。すまない。お別れの最後の瞬間に僕はそこに行けなかった。だって離ればなれになるのに僕の心は耐えられなかった。

> 明け方にこの手紙を書いている、今、朝の四時半だ。僕は落ち込んでいた。でも起きて君のことを考え、この手紙を書き始めた。だけど今この広い世界のどこに君がいるのかわからな

いんだ。

この最後の手紙にあるように、ヌクラエラエ環礁から旅立った家族や友人が手紙を受け取るとき、どこの環礁、島嶼国家、あるいはオーストラリアにいるのか差出人にはわかっていない。また家族や友人が再びヌクラエラエ環礁に戻ってくるのかもわからないし、このまま生き別れになるのかもしれないという不安はとても大きく現実的なものである。ベズニエ自身も次のような手紙をもらっている。

ニコ、別れの日のあの晩、私たちみんな、SもOもTもSも、君を思って泣いていた。夕べの祈りの後、Oは、祈りのとき君がどこへもいかないようにしていたことを思い出していた。そのときSが泣き出し、私も泣き出し、私たちみんな、君のすてきなふるまいや家族や島のみんなにしてくれたことを思い出して泣いた。私たちは長い間じっとしていた、それからやっと食事を始めた。仲の良い付き合いをして共に暮らしていた後、再び別れなくてはならないことほど痛みを伴うものはない[*17]。

つまり文字は、手紙において、論理ではなく感情や情緒と結びつくのであり、それは対面の口頭のコミュニケーションでは声がなかなか表すことのできないものであった。

手紙は親戚や友人に宛てたもので、決して見知らぬ他人に宛てたものではない。月一回の「船の日」の前夜には老若男女が手紙を書くことに没頭する光景が見られる。頬を涙で濡らしながら手紙をしたためている者もいる。手紙を書くこと自体がアロファ（*alofa*：愛情、同情、思いやり）の表れとみなされているのである。

差出人は島を離れる者に手紙を託すとき、受け取り手が手紙を理解しやすいよう、手紙の内容を口頭で伝える。*18 それにより無事手紙の内容が宛先に届くようにするのであるが、文字が存在するからこそ、普段は表明することを抑制されている感情を、声は告げることができるのである。抑制された声の解放を果たすのが、そこでは文字なのである。

異性のイトコ同志は、対面で接することを避けなくてはならない忌避の関係にある。しかし彼らの間で口頭では示すことのできない愛情表現を、手紙ですることは許されているのである。*19 ヌクフェタウ環礁の五十代の男性はヌクラエラエ環礁の女性のイトコに次のような手紙を書いている。

> ここで共に過ごしてくれたあの時間に、感謝している。ありがとう。私の心は、あのときのすてきな出来事にすっかり満足している。互いの愛情がずっと続くことを望んでいるよ。*20

口頭の会話の方が情緒的で主観的になりやすいが文字の場合はそれほどでもないというのは、西洋の思い込みに過ぎない。十九世紀に外部由来の異質なテクノロジーとしての文字あるいは書承性をヌクラエラエ環礁の人たちは自《じ》家《か》薬籠《やくろう》中のものとして流用しているのである。それゆえ、彼らを、文字を一方的に押しつけられた者たちとみなすことはできない。

手紙を書くことはヌクラエラエの人たちなら誰もがすることであり、環礁の外にいる家族や友人に近況やゴシップを知らせたり、物やお金の無心をしたりするためにも人びとは手紙をしたためている。文字は手紙として環礁の生活と社会の一部になっている。無文字社会に文字が導入されたとき、それを活用できるのは限られた人々であり、識字能力のない人たちは彼らに頼るという「制限された書承性」は、ここでは当てはまらないのだ。[*21]

境界面＝移行期？

第二章で紹介したマクルーハンの見解に従い、人間の諸感覚に声と文字というコミュニケーションの様式が与えた影響を重視するなら、分水嶺は口承性と書承性の間ではなく、手書きによる写本と活版印刷の間に見出すべきである。そして、口承性と活版印刷以前の書承性の境界面と同様、手書きと活字の境界面で何が起きていたかを考察することも重要になってくる。

マクルーハンは次のように述べている。「現代物理学に『インターフェイス（界面）』の概念、つまりふたつの構造が遭遇するとその接触領域で変化が生じるという考えがある。このような『接触領域性』こそ、ルネッサンスおよびわれわれの二十世紀を解く鍵であろう」[*22]。しかし彼も、またインターフェイスにグディ以上に注意を払っているワットにしても、接触領域で何が生じているかを深く考察しているようには見えない。せいぜいのところ文字と声が並存しているさまが語られ、文字があるのに口承による伝達を重視するのは口承性が残存しているから、あるいは口承から書承への移行期であるからと語るにとどまるのである[*23]。しかしだとしたら書承の社会にはいつでも口承性が残存するか、書承の社会はいつでも移行期ということになってしまう。

例えば、成熟した活字印刷社会の中に生きた、十九世紀イギリスの閨秀作家ジエイン・オースティンは、姪のファニーからの恋の悩みの手紙に対して「皆に読んで聞かせたり話したりできることを何か書いてください」と返事を出している[*24]。当時の習慣では手紙は皆で共有されるものであった[*25]。書物を読む経験が個人化しプライバシーを尊重する近代の西欧にあっても、居間に集まった人たちが声によって情報を共有する事実が見出されるのであり、それは単純に残存とか移行期として片付けられるものではない。文字以前から続く口承性が文字をどのように取り込んでいるか、その一例としてオースティンの手紙は考えるべきではないか。

日本でも「本読み」という事例が民俗学者川島秀一によって紹介されている。「本読み」とは、宮城県気仙沼地方とその周辺の村落で、大正から昭和にかけて、書物の内容を音読して周囲に読み聞かせることおよびそれの上手な人をいう。本読みには、よその土地から来て泊まりながら本を読んでいく「門付《かどづ》けの本読み」、自分の家で家族だけでなく他人にも読んで聞かせた「家庭の本読み」、家の外で様々な人に本を読んでくれた「ムラの本読み」などがいて、彼らが読むのは、『太閤《たいこう》秀吉』『大岡政談』のような講談本や「書き本」（写本）であった。「本読み」をする時期は決まっていて、正月や盆のハレの日、民間宗教の行事である「講」の日などである。その際には昔話などの口頭伝承と同時に披露されていた。「本読み」は、声と文字が交叉《こうさ》し、口承を中心とした民俗行事の中に文字が活かされた例と言えよう。[*26]

本読みは、明治になってから文字を自分のものにした新興の中間層に多かったから、[*27]オングなら文字文化がまだ成熟していなかった過渡期の事例と言うかもしれないが、そう言ったからといって、声と文字の接触面で何が起こっているかの理解にはつながらないのである。

また、コミュニケーションの内容を文字に残す（物質化する）ことが、時を超えた広範囲での情報共有を可能にすると自明視されてきたが、書承性が、この特質とされるものを達成できない側面をうちに根強く抱えていることも忘れてはいけない。次にこの点を検討してみたい。文字は読まれないために書かれることもあり得るのである。

古代ギリシアのドキュメント気質とアーカイブ気質

古代ギリシアでは、アルカイック期（紀元前八世紀から、紀元前四八〇年のペルシア・クセルクセス一世による侵略までの時代）の前七世紀半ばに、都市国家ポリスでのコミュニティの合意事項を文字によって石に記録するという慣習が生まれた。現存する最古の法律であるドレーロスの碑文には、ポリスの高位の役職であるコスモスへの再任を制限する条項が刻まれている。[*28]

アテナイでは、前五九四年の有名なソロンの改革のとき、市民生活の隅々にまで及ぶ掟がアクソンという板に書き込まれた。[*29] また前五〇八／五〇七年のクレイステネスの改革によって、市民集会の決議、法、競売記録・戦費出納記録・神殿聖財目録などの会計記録、各種名簿など多様な文書をアテナイは記録し、公開した。[*30]

アテナイ人には、民会の決定や法律を石の板または柱に刻字して、アゴラやアクロポリスに立てて公示する習わしがあった。すなわち、情報の公開である。[*31]

しかし文字として記録を残すことは、必ずしも口承の世界からの離脱を意味するわけではなく、むしろそれに頼る面もあること、文字で記録を残しても、その文字が読まれていたとはいえず、保存された文書が必要ならいつでも誰にでも直ちに参照され活用されていたわけではなかったことを、イギリスの古典学者ロザリンド・トーマスは指摘している。[*32]

書き記されて公開された法律がすべてではなく、不文法（「書き記されなかった法」）もあり、それらも敬意を払われ一定の役割を果たしていた。[*33] アルカイック期に文字が導入されたからといって、すべての慣習法が書きとめられたわけではない。法が書き刻まれ出しても、口承で記憶される法は残り続け、書き記された法へと一挙に移行したわけではない。

古代ギリシアのポリスにはムネーモネス（*mnemones*：記憶する人、備忘係）という役職があった。前五世紀のクレタ島の都市国家ゴルテュンでは、ムネーモネスは法の審議過程に深く関わり、過去の案件の証人として裁判員の傍らに控えていた。彼の役割は法廷の議事進行や訴訟手続きを記憶しておくことであり、それらについては書かれた記録は残っていなかったのだ。

これに関連する職にいたのがクレタ島のスペンシソース（*Spensithos*）という名前の書記であり、前五〇〇年頃にその職は名誉ある職とされた。彼の仕事は都市の出来事を書きとめ記憶しておくこと（*mnemoneuein*）であった。記憶しておく仕事は、ムネーモネスを想起させる。スペンシソースは、書き記しはしたが、文字を介しないで記憶することが義務だった。それゆえ文字が完全に法律や取り決めを支配するというのではなかった。

アルカイック期の都市国家は、文字による記録を信用したわけではなかったようだ。また識字率も決して高くなかった当時[34]、情報開示してもすべての市民の関心を惹いたわけではなかった。では何故、法を刻み記したのか。

トーマスは次のように主張する。碑文の法には世俗的のみならず宗教的役目があり、「この法を守らない者がいれば破滅あれ、しかし遵守するものには神は寛大であれ」と「宣誓」あるいは「呪い」として石に刻まれた法は、神へ捧げられていた。目に見える形になった法は捧げ物として形に残るし、神の加護を得やすい。そして碑文あるいは石として物質化されることで、審議の過程の後に成立した法は、大多数の人たちが出来事として受け入れて記憶されるよう、神に捧げられたのである[35]。

従って文字として記録に残したとしても、それは何よりもまず読まれるためであったとは必ずしも言えないのであり、神への奉献という、口承的世界の特徴である儀式性と分離されていなかったのである。

とはいえ、読む読まないにかかわらず、とりあえず文字として記録しておこうとする心性があったことは否定できない。このような心性をトーマスは中世史家のM・T・クランチーに依拠して「ドキュメント気質」と呼んでいる[36]。しかし口承の世界にいたアテナイ人がドキュメント気質を獲得するのには時間がかかった。一方、記録した文書を文書館（アーカイブス）に体系的に整理して保存し、しかるべき時に活用するようになる心性をトーマスは「アーカイブ気質」と呼ぶ。しかしこの両者はただちに直結するわけではなく、アテナイ人が「アーカイブ気質」を獲得するにはさらに時間がかかった。文書館がなくても文書の保存は可能であったし、文書の存在がその保存と将来における活用につながるものでもなかったというわけだ[*37]。

アリストテレスは『政治学』の中で、都市国家の組織における監督官について次のように述べている。

監督官たちは、ごくありふれた人々であるけれども、また最も重大な裁判を決定する力をもっているのである、だから自分の判断に基づいてではなく、文字、すなわち法律によって判決する方が優っているだろう[*38]。

ここから私たちは、ギリシアでは裁判で判決を下すとき、碑文として刻まれた法律が参照されていたと考えてしまいがちだが、実はそうではなかったというのがトーマスの見解なのである。アテナイの民主制において、既に述べたように前五〇七年頃から記録が書きとめられてきたが、その保存形式は数十年にわたって体系立っていなかった。文書館が造られ出したのは前五世紀の最後の十年間になってからであり（前四〇五年頃）[*39]、活用されるようになったのは前四世紀後半からではないかと、トーマスは推測している[*40]。

その後、トーマスのこの見解は批判されることになる。アテナイでは聖所における神の聖財目録の記録は前六世紀半ばまで遡ることができるのであり、文書保管の習慣は古くから存在しているという研究が現れたのである[*41]。しかし師尾《もろお》晶子によれば、文書館が明らかに存在していた前四世紀においても、弁論家が発言の根拠として引用するのは大部分が碑文であり、文書館に保管された記録ではなかった。

また文書保存に関しては地域的偏差も大きかった。アテナイとは異なり、南エーゲ海にあるデロス島の聖財記録では記載の順序や項目に連続性が見られず、記録も保管された文書に基づいておらず経験や記憶に頼っていたことを指摘する研究や、ペロポネソス地方のアルゴスで出土した、前四世紀の青銅板に刻まれた聖財の会計記録は、保管された段階で役目を果たした後全く参照されることがなかったと指摘する研究もあり、アテナイの文書館の存在が、必ずしも古代ギリシアの都市国家全体の「アーカイブ気質」の存在を保証するものではないことがわかる[*42]。文字に残された記録を後に論理的・批判的に検証しようとするためには「アーカイブ気質」の形成が必要であるが、それは識字能力の獲得によって自動的にもたらされるものではないのである。

「ドキュメント気質」になり、とにかく記録を残したとしても、その記録を後で活用しようとする「アーカイブ気質」になるまでにはかなりの時間がかかった。これは、古代ギリシアに限ったことではない。一〇六六年のいわゆるノルマンコンクェスト後、大陸ノルマンディからイングランドに渡来した、北仏ロマンス語を話す支配層に属するウィリアム一世征服王は、一〇八六年に「ドゥームズデイ・ブック」という、土地やそこにある家畜・道具などの詳細な台帳を、ラテン語で作成させた。それはイギリス史上初めての検地帳である。書かれた記録と書かれた法をもとにウィリアム征服王は封建制の支配を強化したといわれるが、トーマスの仕事に影響を与えたクランチーによれば、必ずしもそうではなかった。「ドゥームズデイ・ブック」が訴訟や権利主張のために参照されることはめったになく、裁判の多くは記録ではなく証人の記憶に頼っていた。古典時代（ギリシアがペルシア戦争に勝利した前四七九年からマケドニア軍に敗北する前三三八年まで）のギリシアから千五百年以上の歳月が流れているのにもかかわらず、同じような事態が出現しているのである。*43

記録を作成しても読まれることがない、*44 さらには記録に残したら文書の役目は終わるということは、文書の宛先・受取人が不明で文書が「届かない」ということでもある。それに不安を抱く人々が古代ローマでは出現する。

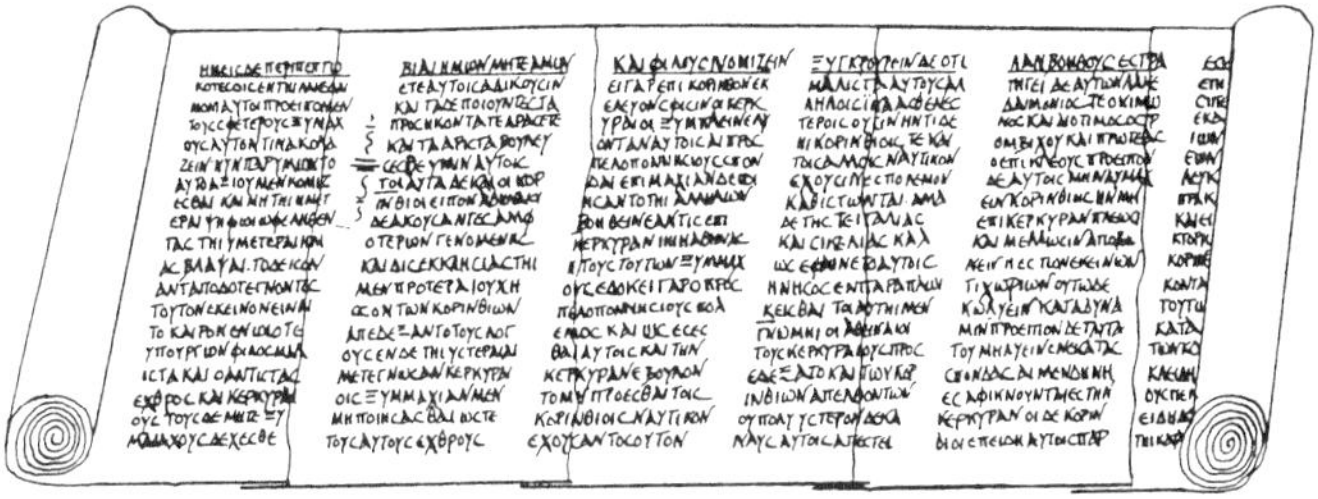

図3-1　パピルスの巻子本を広げた様子。文字は左から右へ、上から下へ書き、一定の行数で次の段に移る

古代ローマの詩人の「郵便的」不安

紀元前一世紀頃の古代ローマでは、書籍商の店頭にはスクリーニウムと呼ばれる書巻筐《ばこ》が並べられていて、そこには巻物にした書物が入れてあった。書物はパピルスをつなぎ合わせて巻物状にした巻子《かんす》本《ばん》が古い形であった（図3-1）。巻子本は一通り読み終わると巻き戻す必要があった。活版印刷の発明より遥か前の時代、書物を作る唯一の手段は書写であり、生産量は限られていた。読者にあまり人気のないものはそれ以上複写されることはなく、逆に人気が出ると次々と書写され、広く出回ることになる。[*45]

パピルスには耐久性がないという欠点があった。パピルスの巻子本は、巻いたとき、その外側の部分が損傷を受けやすい。ちぎったり引き裂いたりしなくても、ただ手に取って触れることですり切れる、とても傷《いた》みやすいものだった。また湿気にも弱かった。[*46]

パピルスの巻子本に作品を発表した紀元前一世紀頃の詩人たち

の中には、詩が自分の死後も残り続けることを願いながらも、詩を掲載した物質としての巻子本のもろさが、作品そのものの低評価や詩人としての名声を得られないことと結びついているのではないかと考える者もいた。

詩が掲載されている書物は傷みやすい。読まれれば読まれるだけ巻子本はすり切れてしまう。しかし評判を呼ばなければ、書物は書写されて出回ることもなく、忘れられていく。書物は書物として残り続けることなく、紙くずとして売られたり、包み紙として使われるという悲惨な末路を迎えることにもなる。[*47] 詩のテクストが文字として書物という物質に記されても、それは詩集として残り続けるとは限らないし、詩人としての名声も永続しないかもしれない。このような不安を抱えていた当時の詩人の一人が、抒情詩人として知られるカトゥッルス（前八四―前五四頃）であったと古典学者のジョゼフ・ファレルは述べている。[*48]

カトゥッルスの第一歌として知られる詩は、コルネーリウスという人物への献詩である。

誰にこの小ざっぱりした、
　いましがた軽石で仕上げたばかりの、
新しい十巻を　献げようぞ、
　コルネーリウスよ、君にこそ。

何故といつて君はいつも私の
　筆のすさびに　幾何《いくばく》かの値をおいて
くださつた、しかもイタリア人のうち
　　　　　　　　　　唯一人、
あなたが敢へて全世界史を
　三巻の書に叙べようとされてた折《おり》に。
それもまつたく博識を傾け
　多年の労苦になる著であつた。
さればいざ、この小巻を　ありのままに、
　御覧のとほりのものながら
　　　受けとつてくれたまへ、して
願はくは守護の詩神よ、
　この書がせめて百年以上
　　世に滅びずして残らんことを。*49

「百年以上」と呉茂一《くれしげいち》は訳しているが、厳密には少なくとも一世代（ひとりの人間の生涯）を越えてという意味であり、[50] その間「世に滅びず残らんこと」というのは、自らの詩への自信の表れではない。カトゥッルスの第九十五歌で、キンナ作『ズミュルナ』という詩は、ずっと後の世代の人たちが年老いても『ズミュルナ』を繙《ひもと》き続けるだろうと唱《うた》われ讃えられている。[51] カトゥッルスは『ズミュルナ』ほどではないにしろ世に残ることをささやかに願っているように見える。[52]

一方同じ第九十五歌では、『ズミュルナ』とは対照的に、ウォルシウスという詩人の作品が罵倒されている。

　だが、ウォルシウスの『年代記』は、パトゥアその場所で死に、
　　そして、ずっと鯖《さば》どもにたるんだ上着を供するだろう。

つまらない詩が書かれている紙（パピルス）の行く末は鯖の上着、つまり魚を包む紙なのである。[53] また第三十六歌でもウォルシウスの『年代記』は、糞拭き紙となじられ、不吉な新に燃やされて火の中に行くがいいと罵られる。[54] しかしウォルシウスと自分の歌は違うとカトゥッルスが自信満々だとは必ずしもいえない。

カトゥッルス第二十二歌ではスッフェーヌスという詩人が罵倒される。

ワールス君、君もよくご存知の、あのスッフェーヌスは、
人好きのする、話し上手の粋な奴で、
その上彼は誰よりも飛び抜けて膨大な詩を書く訳だ。
僕が思うに、彼は一万行か、それ以上を
書き綴っている、それも、普通そうするように、故紙《パリンプセスト》に
書くんじゃなくてね、紙は王室御用達、巻物は新品で、
新品の芯、巻き紐は皮の赤いやつ、
全てが定規で測ってあって、軽石で磨き上げられている代物だ。
そいつを読んだら、その時かっこよくて粋なあの
スッフェーヌスは、反対にただの山羊の乳絞りか耕作人に
みえちまう。それほど恐ろしく変貌しちまうんだ。
どうしてこんなふうになると考えたらいいのだろう？　ちょっと前には洒落者か、
なにかこれよりも長けた人物に見えた、
その同じ人が、一度詩に取りかかるやいなや、
田舎じみた百姓よりももっと田舎臭くなる[*55]。

既に使われた紙（palimpsesto）に上書きする形で下書きをしてから詩を清書するのではなく、スッフェーヌスはいきなり上質のパピルスに詩を書き出す。しかしそれは、洗練とはおよそかけ離れた野暮ったい詩である。詩としての質の低さが紙の質の高さに釣り合っていないのである。ファレルの言うようにカトゥッルスは（後ほど第四十二歌でみるように）まず「書板」（写真3－1）に下書きをして推敲しているからスッフェーヌスとは違うのだが、それでも以下のように歌を続ける。

写真3-1　墓石に彫られたローマ時代の写字生。ろうを塗った書板を重ねて左手に、書板に字を書くための尖筆（せんぴつ）を右手に持っている。現オーストリア南部にあるFlavia Solvaの遺跡から

田舎じみた百姓よりももっと
田舎臭くなる。ところがこ
いつは
詩を書いているときほど、至
福の時はないときた。
これほどまでに自分に惚れ込
んで、これほどまでに自画
自賛しているのだ。
我々は皆、同じ勘違いをして

いるもの。そうして皆、
何らかの点で、スッフェーヌスだと思われないものはいないのだ。
各人に各様の過ちが割り振られているもの。
だが、我々は自分の背中にしょっている鞄が何なのかは分らない。

カトゥッルスは自ら『ズミュルナ』を著したキンナの如く名を残すと自信満々なのではなく、自らもスッフェーヌスのようになるのではないかとも思っているのだ。そして、いかに上質の紙に詩を書き記しても、その末路はウォルシウスの『年代記』のように鯖の包み紙か、糞拭き紙か、はたまた燃やされてしまうかである。

第四十二歌では、完成した詩だけではなく、下書きを記すためと思われる書板を女に取られたことをうたっている。

あの恥知らずの売女は僕を道化だと思っている、
そして僕の書板を返す事を
拒んでいる、失礼な話だが。
〔中略〕

「腐った売女よ、書き付けを返せ、
返せ、腐った売女よ、書き付けを！」[*56]

ファレルはこの書板も「売女」（moecha）に壊されてしまうおそれがあると述べている。いずれにせよ、文字で記したことが詩の永続性を何ら保証することにはならないのだ。さらにファレルは、カトゥッルスがそう述べているわけではないがと断りながらも、カトゥッルスの名前ではなく別人の名前で詩が流布する可能性もあったことを示唆している。

ではどうすればよいのか。パトロンとなってくれる、しかるべき人に献呈するのである。彼の歌は、伝記作家で同世代のコルネーリウス・ネポスに捧げられた。しかしそこにも問題はある。書物を捧げる相手を詩人は自ら選択している。しかしファレルによれば、「受けとってくれたまへ」と訳されている *tibi habe* の口語形である *sibi habere* は、財産の処分を意味する言葉であり、詩人の献呈も、書物とその内容が自分のもとから離れ自分のものではなくなることを含意している。[*57] また著作権が作者に保障されていたわけでもなかった。詩集がそのものとして残り続けるにしても、著者は自らの作品から「疎外」（alienate）されていたのである。

従って、詩が文字として書きとめられて書物という物質として生み出されても、[*58] それは、今ここを超えて残り続け数世代にわたって自分の作品として鑑賞されることを確実なものにするのではない。むしろそうでない可能性への不安や怖れをかきたてるものだったのである。

フランスの哲学者ジャック・デリダ（一九三〇―二〇〇四）は、手紙というものは遅配されたり誤配されたり紛失されたりする可能性にいつもつきまとわれていると言っている。[*59] この可能性を「郵便的」と呼ぶなら、ローマの詩人も「郵便的」不安を抱いていたのであり、この不確実性は文字が物質であることによって解消されるのではなく、むしろ文字が物質であるが故に生じていた。「手紙〔文字〕は必ずしも常に宛先に届くわけではなく、そしてそのことが手紙〔文字〕の構造に属している以上、それが真に宛先に届くことは決してなく、届くときも、〈届かないこともあり得る〉というその性質が、それを一個の内的な漂流で悩ませていると言い得るのである[*60]」

「未開社会」の首長の言葉

書いても読まれない文字、読まれないために書かれる文字（これについては第七章の「耳なし芳一のお経」で触れる）というのは書承性のみに関わることであり、口頭によるコミュニケーションの場で発せられた音声は否応なく聞こえるのだから、口承性には当てはまらないのではないか。それゆえ声と文字との間にはやはり大分水嶺が存在するのではないか、また第一章で述べたような、植民地政策という国家権力による支配やナショナリズムは、文字というより活字印刷文化がもたらしたものであるなら、やはり大分水嶺の存在は否定できないのではないかという批判も考えられる。

しかしそうではない。ストリートのイデオロギーモデルに従うなら、植民地政府による「紙上の世界」の統治は、近代における植民地主義（しかもボルタ河流域をイギリスとフランスが分割統治したという歴史的背景）がもたらしたものであり、文字が自動的につくりだしたとはいえない。たしかに文字は権力と結びつきがある。しかしそれは、第Ⅱ部で述べるように、文字が声を抑圧するというもっと微細なものである。この権力作用はこれまでしばしば見落とされてきた。さらに政治とのつながりでいえば、誰もが耳を傾けないことを想定しながら発せられる声もあるのだ。

フランスの人類学者ピエール・クラストルは、国家なき社会である新大陸のインディオの部族社会における、首長制と言葉の関係を論じている。[*61]

「国家」を形成する社会では言葉は権力（国家）の持つ権利であるのに対して、「国家なき」社会では、言葉は権力（首長）の義務であり、首長たるべき者は、語を思うままに支配しうることを証明せねばならない。首長にとって語ることは至上命令であり、黙せる首長は既に首長ですらない。

しかし首長が語るとき、耳を傾ける者も沈黙もない[*62]。誰もが何ごともなかったように、それぞれの仕事に励み続ける。首長の語りの要点は、伝統的規範の賞揚という既に幾度も繰り返されてきたことであり、新規さも心をかき乱すこともない。「首長の言葉は、耳を傾けられるべく発せられるのではない[*63]」。首長は「砂漠で説教する者ともいえよう[*64]」。

ではなぜそうなのか。クラストルは、「国家」なき「未開社会」では、命令を発するという意味での権力は首長にはなく、彼の言葉は権威、命令の言葉たり得ることを拒否されているという。「未開社会」とは、首長ではなく社会そのものが権力の現実の場であり、分離された権力が特定の個人や集団だけに集中するのを拒絶する「国家に抗する社会」なのである。

書かれても読まれない言葉と同じように、こちらも政治と関わりがあるが、発声されても聞かれない言葉、聞かれないために発せられる言葉もあるのだ。

発せられても受けとられないというこの共通性は、活字以前の写本文化が口承社会との間に有する共通性ではないかという批判も考えられるが、そうではない。例えば、活字時代さらには電子時代の現代において、極めて特殊でそれを研究する学者が数名しかいないという学問分野の博士論文は、図書館の書庫に人目にもつかず配架されたままで、たとえ刊行されても読まれるのは稀であるということが往々にしてある。しかしそのことが著者の優秀さを保証し威信を高めることにもなる。それゆえ書かれても読まれないというのは、写本時代の過渡期的現象ではない。

声と文字によるコミュニケーションは、いつも届かないというディスコミュニケーションと隣り合わせである。だとしたら、声と文字の間に大分水嶺という決定的な不連続を見出すのはやはり困難である。コミュニケーションの媒体として声と文字が異なることは明白だが、そこにはメッセージが届かないという共通性もある。それ故、存在するのは、いわば連続的な不連続なのである。

第Ⅱ部

声に権力を行使する文字

第四章
音声中心主義を見抜く

「文盲のすすめ」

一九六〇年代末から九〇年代にかけて日本の思想界に大きな影響を与えた文化人類学者山口昌男（一九三一―二〇一三）は、最初の評論集『人類学的思考』に収録した「文盲のすすめ」の中で、文字が人々とその経験世界とのつながりを断ち切るものだと批判して、次のように述べている。

文字の中に我々が現実に参与することを妨げている何物かがあるのではないか。文字を我々のアイデンティティ（統一された世界）の一部と決めてかかることによって、文字が我々から引き離している何物かに対する感覚を喪《うしな》っているのではないか。人は文字が我々から引き離していく世界を通してこそ語り合わなければならないのに、文字に頼ってその周辺を手探りしているにすぎないのではないか、という疑いを持つにいたっています。この点をたしかめるために文字のない世界を一つのユートピアとして語ってみることによって文字によって支配される世界を逆ユートピアと化してみることが必要なのではないかと思います。[*1]

ジャック・グディに依拠して山口は、文字のない世界のコミュニケーションは一本の鎖でつながれているようなものであり、「私があなたにいったことをあなたが第三者にいうことになり……」というように時間と空間を超えて拡がっていき、また会ったこともない人が同じ世界に生きることを可能にするという。[*2] つまり文字のない社会では、言葉の使用を通して人と人の心がつながるのであり、人が世界と離れることにはならない。

言葉により私の魂はあなたの魂を捉えてつながり、それによって同じ心を共有する。「言葉のほんらいの役割は、単に指示、伝達ばかりでなくもっと広いものだった」のであり、それは「世界のすべてのものに生気を与えること」だったのである。そのために言葉は、使われる人・場所・時と結びつき、それらを表す象徴となることで強いイメージ喚起力を持つ。言葉は現実と「直接」的な関係にあるのである。

しかし文字はコミュニケーションの鎖を断ち切る。語られた言葉（音声言語）と異なって、文字は現実の全体性を再現できず、現実は断片化した形で伝えられるに留まる。とりわけ印刷の発明による書籍の普及により、ホメロスのような一大叙事詩を中断しながら読むことが可能になり、また註を読んだり索引をたどることでも時間の流れはどんどん断ち切られる。この中断の典型が百科事典である。単語が見出しという独立の切り離された単位となることで、現実は細部に分断される。それら細部には詳細で正確な知識が与えられるが、細部同士の相互関係や我々の経験世界での細部の意味について百科事典は何も教えてくれない。

このように山口は、文字が現実あるいは経験世界全体と直接結びつかず、それらを分断していると、文字のない社会でのコミュニケーションと言葉のあり方から結論づけているのである。

山口の文字批判は、第一章の終わりで紹介した北西ガーナ植民地政府の「紙上の世界」を思い返せばもっともなことのように思える。しかし古代メソポタミアの人々にとっては、事態は決して同じではなかった。そのことを説明するために、まず楔形文字の始まりと変遷について概説しておこう。

楔形文字とは何か

古代メソポタミアには英語で token（トークン）と呼ばれるものがあった。トークンとは、粘土をちぎり掌《てのひら》で球や円盤、円錐状に丸めた一―三センチメートル程度の大きさのものである。メソポタミアではこれらを使って計算をしたり税や商取引の記録をつけていたが、それらを何千年もかけて進化させ、平面上に再現することにより、文字が生まれたと考えられている。

紀元前三三〇〇―三一〇〇年頃のメソポタミア南部のウルクで、線画のような文字（絵文字）が作成され、それがやがて楔形文字（写真4-1）へと変化した。メソポタミア南部はティグリス・ユーフラテス両河川流域の沖積《ちゅうせき》平野で、石を切り出す山も森林もなかったが、良質の粘土にめぐまれていた。そのため石や紙ではなく粘土板に文字が書かれた。はじめは粘土の表面をひっかくようにして絵文字が書かれたが、やがて葦《あし》の茎を切り取って、その切り口を粘土に押しつけるようにして文字を書くようになり、楔形の文字が誕生した。

写真4-1　楔形文字

楔形文字の改良と定着の過程には、古代メソポタミア文明に深く根を下ろした二言語併用という事実が大きな役割を果たしている。それは二つの独自の文化の融合と共生から生じたもので、一方の担い手は楔形文字を発明したシュメール人、もう一方はその後に王朝を成立したセム系の

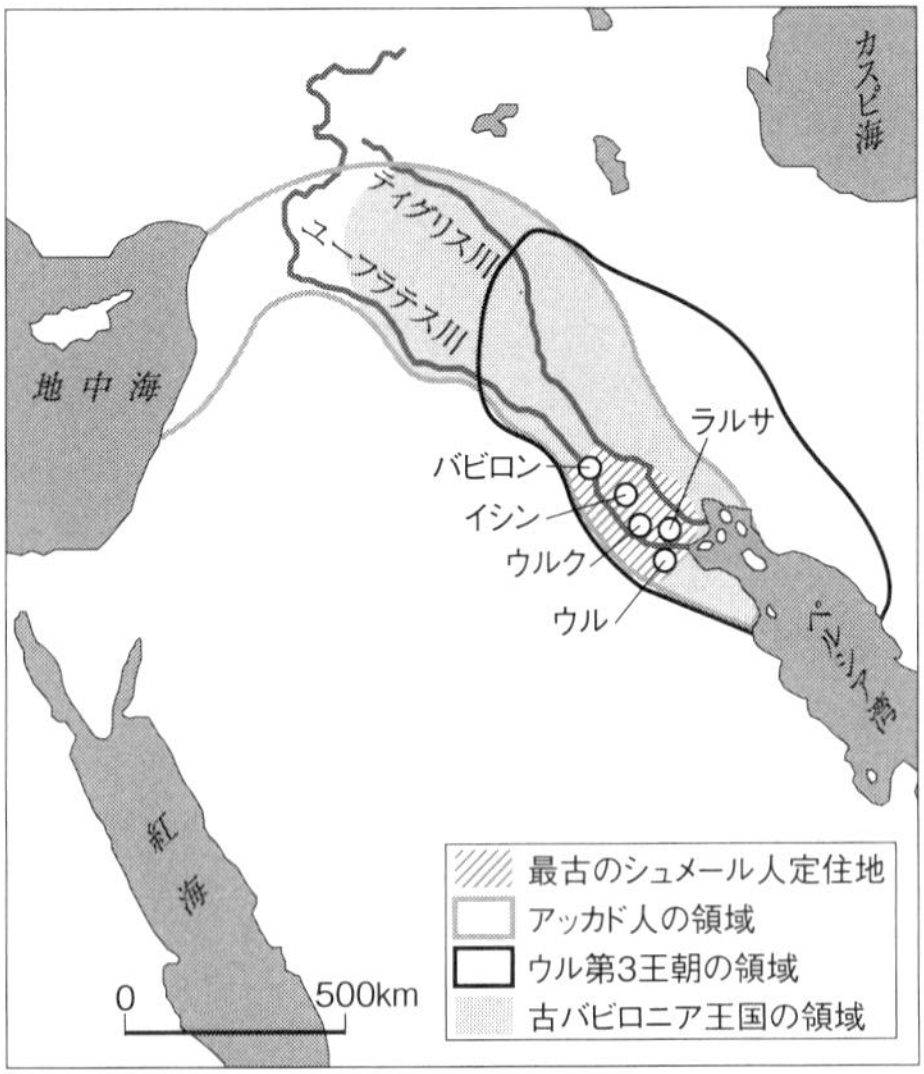

図4-1　前3000-2000年紀のメソポタミア地方

アッカド人であり、彼らは前四千年紀以降、南メソポタミアの地で邂逅《かいこう》したのであった[*3]。

ウルクの絵文字を楔形文字に発展させたのはシュメール人であった。シュメール人は前四千年紀から前三千年紀中頃まで南メソポタミアにいくつもの都市国家を築き繁栄させたが、最終的にウルクの王ルガルザゲシがそれらを統一した。しかしルガルザゲシはアッカド王朝のサルゴンに破られた。サルゴンはメソポタミアの北部（アッカド地方）と南部（シュメール地方）を統一した最初の王だった。セム系の帝国であったアッカド王朝の混迷後は再びシュメール人による王朝が再建されたが（ウル第三王朝）、わずか百年で滅びた後、セム系のアモリ人が、イシン、ラルサ、バビロンなどの都市国家を建国した（古バビロニア王国、図4－1）。

このように南バビロニアにはシュメール人とセム系民族が混住したが、彼らの言語は大きく異なった。にもかかわらず、この後興《おこ》ったヒッタイトの言語も含めて、皆同じ楔形文字が使用されたのである。[*4]

古代メソポタミアの文字が最初に出現したときは、絵文字であった。絵文字は、音を表すことを「まったく知らないから」、「言葉」を表す文字ではなく、「もの」を表す文字であった。この絵文字は「もの」を素描や伝統的な図柄を用いて表したが、たとえ素描にしても図柄にしても具体物がその中に認められるのであるから、それらもまた「もの」であると言えよう。

やがてこの文字は楔形文字へと変形していくが、その過程で表音化が工夫された。しかし「もの」の素描からその「もの」に対応した意味を引き離し（例えば日本語において、「川」という漢字から「地表の水が陸地のくぼんだところに集まって流れるもの」という意味を引き離し、kawaという音を持つもの――皮、側など――にこの漢字を当てはめると考えてみればよい）、話し言葉で発音されている一群の音をその文字に割り当てることができるようになっても、直ちに「もの」を喚起するという生来の、「そして深くその身に浸透した習慣を捨てることはなかった」。[*5]

表意文字であり続ける楔形文字

もし、ある絵文字が矢という具体的なものを指示し、さらに楔形文字となり、まず表意文字としての役割を持つと、場合に応じて矢が連想させる観念（武器、弓術、狩猟など）を指示するようになる。やがて楔形文字が表音文字化していくと、矢が ti と発音されていたなら、矢を表していた文字は ti という音を示すようになる。その文字は具体的な対象を指示しないようになり、太鼓の一種 ti.gi を表すときに利用されるようになる。ti と発音される楔形文字は、音素を喚起したり書きとめたりするだけのものとなり、文字システムは物事に対応する文字ではなく、語に対応する文字となる。[*6]

しかし、表音化があらゆる場面で絵文字を直ちに表音文字に変えたわけではない。

もし古代メソポタミアの人が効率よく表音化を実行していたとしたら、まず絵文字としての機能を排除し、一つの音節に一つの文字だけを割り振り、同音異義語である他の文字は切り捨てるだろう。かくして単純化を極端に進め、文字の数も百に満たない文字体系を完成させることができたはずである。しかしそうはならなかった。人々は絵文字を、ものを表すためにそのまま保持し、不都合のあるときだけ、音素をも示すことに利用したと考えられる。[*7]「どんなに表音的に書かれたテクストでも、表意文字が使われないことは稀であって、特に学識者の間に通用したテクストでは、表意文字が表音文字の場を奪ってしまうのである」[*8]。

では、表音文字でありながらも表意文字であり続けるとはどういうことか。もう少し説明してみよう。

日常的に使われていた楔形文字はおよそ四百である。それらのほとんどには、二つの機能が与えられていた。もの、単語、ある概念などを意味する表意文字という機能、そして、表音文字という機能である。例えばもともとは山を意味していた記号（文字）は、国（アッカド語では mâtu）、山（šadû）、さらに征服という概念や到達すること（kašâdu）などを指示する一方[*9]、同じ記号が kur、mad、lad、šad という音で読まれたのである。これはもともとシュメール人が発明した絵文字と楔形文字が、後にセム人にも使用されるようになって、セム人のアッカド語の音声を表記するようになったからである。しかし山を意味していた記号が、異なる言語で山を意味する語の音声を表すようになるだけでなく、シュメール語の山の音声に類似した音声だが意味は異なる事物や概念にも対応するようになる。

「もの」と一体化した文字

このように、ある文字がどのような語に対応するかは、その文字がもともとどのような「も

の」を指示していたかに左右されたのである。そして、

古代メソポタミアの人々にとってのものの名前とは、われわれの目から見たそれのように、ある「もの」に関する付帯現象、その「もの」の本質とは直接関係のない純然たる偶然、意味と一群の音素とのたんなる恣意的な結合物ではけっしてないのだということは、以前から知られていた。まったく対照的に、彼らは、ものの「名前」の源は命名する側ではなく名づけられたものそのものの内部にあり、名はその源泉の発露であって切り離すことのできないもの、射影、敷き写し、本質の翻訳の類であると思いこんでいた。[*10]

この「名前」とは彼らにとっては書かれたもの、すなわち文字であり、文字である「名前」とそれが示す「もの」は切り離すことができないばかりでなく、一体化していた。それゆえ、

文字を発明した人々や使用した人々の精神を特徴づけ、さらに規定したのは、まさに彼らの文字システムが持つこの「実在性」であった。書かれた文字を、そこに彼らが記した事柄の直接の反映、真の代替物と捉えることを当然としていた彼らにとって、書かれたものと実体、名前と「もの」との間を行き来することはごく自然なことであった。[*11]

このような精神あるいは心性にとって、山口昌男の言うのとは異なり、文字は現実の経験を疎外したり邪魔したりするものではなかったのである。文字が世界との関わりの根源にあったのであり、音声言語が必ずしも絶対的始まりではなかった。現実の全体性を再現するのは、古代メソポタミアにあっては文字だったのである。

彼らにとって、神もまた文字を書き記す存在だった。

神々は日々この世と人々とを支配し生産を上げるために、まず最初にすべての存在の運命を測り決定しなければならなかった。こうして決められた事柄は、それが実体性と効力を持ち、またそれを周知させるためにも、書きとめられる必要があった。神々は必要に応じてさまざまなものを創り出し、それを絵文字や表意文字として使用した。神々は異常な現象や不意の出来事を出現させたり、そうした現象を変化させたりして、そのなかに神意を「逐語的《ちくご》に」明記したのである。[*12]

また、神々が人間一人一人の運命を決定する際には、神々はいくつかの状況から得られる材料をもとに判断し、ひとたびある決定がなされると、直接に（霊感的な伝達という形で）、あるいは

「書き物」によって、夢の中で告知するのである。[*13]

神は世界を、そして人間の運命をまず書きとめたのである。神が創り出したもの、そして運命は、同時に文字でもあったのである。

このように古代メソポタミアの文人（高度な知識人）にとっては、文字こそが根源的な具体性と実在性を持っていたのであり、人が書き記したものは、言葉の発音あるいは発音された名前ではなく、「もの」それ自体であった。「もの」には名前があるが、その「名前」は「もの」と切り離せないだけでなく、「もの」と一体化しており、書かれた「名前」には、「もの」と同様の実質があり、それは具体的で中身の詰まったものであった。

こうした文字との関わりは、表意文字である漢字を受け入れ、そこから表音文字である仮名を創り出した日本人には受け入れやすいところもある。その点をも考慮に入れると、山口昌男の「文盲のすすめ」は、表音文字であるアルファベットしか視野に入れていないように見える。

山口昌男とマクルーハン

山口自身は楔形文字を全く無視しているというわけではない。シュメール、エジプトのような古代国家において文字が一部の人の専有物であるかぎり、人々のコミュニケーションの基本原則は「鎖をつないでいく」関係であることに変わりはなく、この鎖を断ち切るのは紀元前五、六世紀のギリシアに出現した文字の一般化であるという言及があるからだ。このように山口が言うとき、メソポタミアは口承性の側に、ギリシアは書承性の側に位置づけられる。この区分は、表意文字と表音文字の区分に対応している。

メソポタミアでは、文字を読み記録する書記は、文字を学ぶための学校に通ったものの、文字は支配者の専有物で、識字率は確かに低かった。しかしギリシアで識字率が高かったかといえば、第三章で述べたように、残念ながらそうではない。文字の利用は徐々にしか進まなかった。文字以上に口頭でのコミュニケーションがギリシアでも普通であった。スパルタは法に基づいた都市国家であったが、その法は書きとめられていなかった。また古典時代のアテネでは書き言葉を蔑視する傾向があり、紀元前五世紀半ばのヘロドトスにとって文字はエジプト人やペルシア人のような「野蛮人」と結びつくものであって、ギリシア世界を特徴づけるものではなかった。[*14]

山口のここでの議論は、古代ギリシア研究の泰斗《たいと》ジャン＝ピエール・ヴェルナンに依拠しているようにみえる。古典時代のギリシアにおける文字（エクリチュール）と民主化について、「メソポタミアの諸王国」と比較しながらヴェルナンが論じているからだ。

言葉がこのようにたいへん重要なものとなり、以後政治生活のすぐれた道具となる。この変化は、書くことの社会的意味が変化したことと呼応している。メソポタミアの諸王国では、書くことは書記の特技であり特権であった。王家の行政機構は、記録することによって国家の社会・経済生活を統制することができる。書くことの目的は、宮廷内の門外不出の記録文書を作成することであった。このような書記の体制は前一四五〇年から前一三〇〇年にかけて、ミュケナイに存在していた。しかしミュケナイ文明が滅びるとともにこの制度も滅び、私たちがふたたびミュケナイを見いだしたとき、つまりミュケナイにポリスが誕生したときには、書くことはまったく逆の意味を帯びていた。かつては宮殿の王のために働く書記という特権階級の秘密であったものが、公開の手段としてすべての市民の「共有物」となった。私的領域以外の、共同体に関係するすべての公共のことを公開する手段となったのである。法律は文字に書かれるべきものとなった。そのことによって真に皆のものとなる。書くことの社会的意味がこのように変化したことは、知の歴史にとって根本的な変化であった。*15

しかしヴェルナンのいうのはポリスの政治的場面における文字の活用の一般化（民主化）であって、生活全般における文字を介したコミュニケーションの一般化ではない。またマーシャル・マクルーハンが既に一九六二年の『グーテンベルクの銀河系』でも述べているように、紀元前五、六世紀のギリシアで、文字を読むとはすなわち音読であり、黙読ではなかった。文字は周囲の人々に聞かせるために声に出して読まれたのであり、口承性と完全に切り離されていたわけではなかった。従ってギリシアとメソポタミアの間に分水嶺を見出すのは困難である。

山口が、マクルーハンの『グーテンベルクの銀河系』も下敷きにしていることは明らかなように思われる。[*16] それは「文盲のすすめ」が「マクルーハン現象と人類学」という評論と共に「イメージ思考」という章をなしていることからうかがえるだけではない。「文盲のすすめ」には、「古い文字文化について我々が考えるとき、文字の使用が社会の一部に知られている段階と、筆写本の時代を経て印刷の発明により、書籍というものが文化遺産の伝達の中心的メディアになった時代とは区別しなければなりません」というくだりがあるからである。

単純に無文字社会と文字社会を分けるだけではなく、西洋中世の写本文化時代には触覚と聴覚が視覚と並び立っていたのに、活版印刷時代は、遠近法の採用とともに、触覚と聴覚を軽視し視覚が圧倒的優位に立つ時代であるというのが、『グーテンベルクの銀河系』のマクルーハンの主張の一つであった。活版印刷により複製化した書物が大量に出回り、それを人が個室で黙読することで個人主義が台頭すると論ずるマクルーハンを踏まえて、山口は、人は文字によって同胞や世界から切り離されると論じたのである。

しかし、古代ギリシアは音読の世界であり口承性と切り離されていたわけではなかったとマクルーハンが論じているのを、山口は見落としていたようだ。

音声言語の隠喩表現——ディンカの牛の色彩語彙

山口は、文字のない社会での言葉は、人間が自分を取りまく世界を表すために使う象徴であり、従って言葉は強いイメージ喚起力を持つと言う。彼自身が例に挙げているわけではないが、こうした事例として思い浮かぶのは、イギリスの社会人類学者ゴドフリー・リーンハート（一九二一—九三）が報告している南スーダンの牧畜民ディンカの、牛についての色彩語彙《ごい》である。[*17]ディンカには牛に言及した語彙が数多くあるが、その中でも牛の色とその濃淡を言い表す単語が豊富であり、それらは、色の混合と模様のほとんど無数に近い組み合わせからなっている。それらの組み合わせは自然環境や社会環境とのつながりを象徴するものでもある。

例えば体が黒くて頭に白い模様がある牛はマ・クエイというが、クエイは黒い体と白い模様を持つ鳥、ミサゴを表している。この牛の模様を表す色彩語彙はミサゴに着想を得ているが、それにより彼らは、牛の色とミサゴという異質なもの同士を、その外見上の類似ゆえに意識的に関係づけているのである。

黒と白のまだら模様の布はアラス（ン）マ・クアッチというが、マ・クアッチはまだら模様を持つ雄牛（bull）もしくは去勢牛（ox）を指す語であり、この語自体は豹（クアッチ）のまだら模様と関係づけられている。縞模様の布はアラス（ン）マ・ニャンだが、マ・ニャンは、すじ模様の雄牛であり、それはニャンつまりナイルワニのすじ模様と関連づけられたものである。

ディンカの男たちは成人に達したとき、それまでの個人名に加えて、自らがしばしば同一視される去勢牛の色彩名も自らの名前として持つようになり、その名で呼びかけられる。しかし例えば黒い去勢牛マ・チャルを持つ男性の場合、この名で呼ばれるだけでは満足せず、もっと多くの名前で呼ばれたがるものである。その際黒い去勢牛の「暗さ」やそれに関連する言葉で名前が作られ、呼びかけられることになる。彼はティム・アティエプ（「木の陰」）とか、コル・アチョム（カタツムリを探す黒いトキにちなんだ「カタツムリ探し」）とか、ブン・アニール（バッファローが休息している森の暗さを示唆する「バッファローの茂み」）、アキウ・ヤク・ソック（小さい黒い鳥が独特の鳴き方で鳴くことにちなんだ「春期の日照りに鳴く」）、アレック・ルク（土砂降りをもたらし、会合（＝ルク）を開いていた人々を避難所に追いやる黒い雲にちなんだ「会合潰し」）などの名前で、周囲から認知されることになる。

牛にちなんで呼びかけられる男性の名前を去勢牛名と呼んでおくと、去勢牛名の新たな名前は、隠喩的――トキは鳥であるが、色の黒さという類似性を持つゆえに関連づけられる場合、トキと去勢牛は隠喩的関係にあるという――に生み出されているといえる。

こうした事例は、色彩語彙が「自然界を対象とした色彩と色の濃淡に関する知覚と、牛を対象とした色彩と色の濃淡に関する知覚を相互に依存させあいながら形成されているということを示している。また、このような名前が無数に存在するのは、彼らが色彩と色の濃淡における類似性を知覚することを通して、自分たちの牛を自然環境と社会環境における諸特徴と結びつけようと思慮深く努力しているということである[*18]」。

楔形文字の換喩表現

しかしこのような思慮深い想像力の働かせ方は、楔形文字の使用者のあいだにも見出すことができる。マルドゥクという神の名前を例にしてみよう[*19]。バビロンの市神であったマルドゥクは、ハンムラビ王朝の公式の守護神となり、後には神々と全世界の王になる。父エアと共に祓魔《ふつま》儀礼の守護者ともなるが、その際にはアサルッヒの名前で呼ばれる。アサルッヒはアサリ asari という語がもとになっている。マルドゥクが神々と地上の宗主権を継承した際、五十もの名前が与えられたが、それらは asari という語と関連する。マルドゥクは、

「農業を授ける者」（*šârik mêrešti*）「（畑の）区画を定める者」（*ša eṣrata ukinnu*）

「穀物と麻の創造主」（*bânû še'am u qê*）「（あらゆる）緑のものの生産者」（*mušeṣṣu urqîti*）

と規定された。これらの名前はいずれも *asari* に含まれる三つの音節から引き出されたものと推察できる。しかしどのように *asari* から引き出されたかは説明を要する。

メソポタミア（アッカド人）の知識人たちは *asari* を、文字の観点から a + sa + ri の三つの音節に区切ることをしなかった。知識人は、名前とはそれが表すものそのものと考えていたので、それぞれの音節は、楔形文字の起源であるシュメール語の単語と切り離せない事実も表すと理解して、現実に対する独自の観点から *asari* を a+sar+ri と区切った。sar は、楔形文字になる前は、畑の周囲にめぐらした溝に沿って生える二本の麦穂を表していたが、後に「緑のもの」と園（果樹園あるいは野菜畑）も意味するようになった。それゆえに「緑のもの」が二行目後半に出てくるのである。さらにこの「緑のもの」に由来する、（緑色の）植物を生産する仕事、すなわちすべての農作業と果樹栽培の作業が喚起される。

また *a* という文字の基本的意味は「水」である。水は、運河または水溝として土地を区画し境界となる。同時に流れる水として農作業を可能にする。それゆえに一行目の「区画を定める者」と「農業を授ける者」となる。

一方アッカド語を含むセム系言語では、重要な要素は原則的にすべて子音の組み合わせによって表され、母音は語彙や文法の体系の中で副次的な役割を担うに過ぎなかったので[*20]、一部の母音は形を変えたり無音化したりした。アッカドの知識人や筆記者たちは、シュメール語由来の文字の無音の部分に任意の母音を代替する文字の読み方を始めた。例えば（子音からなる）同じ記号が su とも sa とも読まれたり、ka とも ku とも読まれたりした。*asari* の ri も同様である。ri の部分を rá もしくは ru と置き換えることができ、ru と置き換えた場合にはアッカド語の *sāràku* が対応するため、この語が一行目に置かれ「授ける」の意味で使われる。rá と置き換えた場合は同音異文字現象により、dú と読まれる文字に対応し、この文字は「創造する」という意味を持つ。それは二行目の冒頭の「創造主」として現れる。

このように asari の三音節 a ＋ sar ＋ ri からマルドゥクの役割についての概念が形成されることになる。とりわけここで注目したいのは、「緑のもの」からそれの生産作業が導き出されたり、流水＝運河からその両岸にある土地の区画、及び水を利用した農作業が喚起されたりするという点である。ある物がそれに隣接したりそれを含む概念やカテゴリーを表す（象徴する）場合、それを換喩《かんゆ》──「赤ずきん」がそれを頭にかぶっている女の子を表すとか、「ペンは剣よりも強し」という場合に「ペン」と「剣」がそれらを使った「文筆」と「武闘」を表すような場合──というが、ここに見られるのは、換喩的な想像力、イメージ喚起力であろう。ディンカの事例が隠喩的な想像力を示すものであったという違いはあるものの[*21]、メソポタミアでも文字を、ディンカ同様「自然環境と社会環境における諸特徴と結びつけようと思慮深く努力している」ことに変わりはないのである。文字であるゆえに世界から切り離されているとは言えないのである。山口は文盲を勧めるとき、マクルーハンに依拠しながら、活字印刷された表音文字に書承性を代表させ、それを口承のコミュニケーションと対比していたのである。*[22]

山口昌男のこの評論は初出が一九六六年で、まだボテロの本は出版されていなかったので、山口を責めるのは酷かもしれない。しかしそれでもこの評論には、フランスの思想家ジャック・デリダが取り上げた「音声中心主義」が潜んでいることは指摘しておくべきだろう。

ボテロは、メソポタミアの文字の特徴あるいはメソポタミアの文人の文字観と対比して、西洋の文字観を以下のように述べている。西洋人にとって、発音された語として瞬間しか存在せず、意味された概念として心の中に不安定な現実性しか持たないものに、物理的な定着性を与えることが、表音文字であるアルファベットの文字体系の一義的な機能であった。われわれの思考やものの見方を伝える言葉に、客観的な独立性と時間の流れに耐える存在性を与えるのに役立つのが文字の役割である。それゆえ、「文字は言葉なしには何ものかではありえないし」、言葉と言葉が表現するものが文字に先立って存在しており、文字はそれらに一歩遅れるものである。*[23]

メソポタミアの楔形文字はそれが表す「もの」そのものであり、「もの」と引き離されないのに対して、西洋のアルファベットは言葉（音声言語）に準じるものであり、言葉と言葉が表す「もの」に一歩遅れている、つまり「もの」や世界から引き離され人間と世界の間に立ち塞がるのである。山口昌男が「文字が我々から引き離している世界」と述べるとき、このような西洋のアルファベット観を前提にしていると言えよう。このアルファベット観を、デリダは音声中心主義と呼んだ。

魂により近い声、外部に留まる文字

声によって発せられる音は、魂の状態の象徴であり、書かれた語は、声によって発せられた語の象徴であるとアリストテレスは述べているが、それは、「魂の状態」についての最初の象徴を生み出す声が魂と本質的かつ直接的な血縁関係を持っているからだと、デリダは考える。音声による言葉が、構造言語学でいう「意味するもの」（シニフィアン[*24]）であるが、この音声言語はありきたりの「意味するもの」ではなく、「魂の状態」という思惟《しい》あるいは人の存在そのものを「意味する」。

この「魂の状態」は、「意味されるもの」（シニフィエ）であるが、アリストテレスにとって魂の状態と声の関係は直接的で同一である。つまり声（音声言語）は、思惟や思想という「意味されるもの」の最も近くに存在する。声を発する主体は、自分が話すことを聞く（自分と、話す声、自分の魂を切り離すことはできない）ことによって、観念・理念のレベルで自己自身に関わり、主体として現れる（現前する）。しかし文字を書くのはそうではない。文字は、声を発する主体の外部に物理的に存在し、「意味されるもの」から文字は一歩遠ざかっているのである。

魂により近い声という考え方は、古代ギリシアから中世を経て現代に至るまで西洋の思想の中に見られる。それが、デリダの言うロゴス中心主義あるいは音声中心主義である。[*25] 声（パロール）も文字（エクリチュール）も、ともに「意味するもの」であるにもかかわらず、文字は声の翻訳者で、二次的で道具的な役割を果たすに留まる。それだけではない。音声中心主義では、文字は、ある言語体系の登場とともに出現したのではなく音声言語の後に生まれたのだから、本来の言語の外部に留まるともみなされるのである。

原エクリチュール

声に対して文字を貶《おとし》めている古い例としてしばしば言及されるのが、プラトン『パイドロス』でのソクラテスの発言である。

ものを書くということには、思うに、次のような困った点があって、その事情は、絵画の場合とほんとうによく似ているようだ。すなわち、絵画が創り出したものをみても、それは、あたかも生きているかのようにきちんと立っているけれども、君が何かをたずねてみると、いとも尊大に、沈黙して答えない。書かれた言葉もこれと同じだ。それがものを語っている様子は、あたかも実際に何ごとかを考えているかのように思えるかもしれない。だが、もし君がそこで言われている事柄について、何か教えてもらおうと思って質問すると、いつでもただひとつの同じ合図をするだけである。それに、言葉というものは、ひとたび書きものにされると、どんな言葉でも、それを理解する人々のところであろうと、ぜんぜん不適当な人々のところであろうとおかまいなしに、転々とめぐり歩く。そして、ぜひ話しかけなければならない人々にだけ話しかけ、そうでない人々には黙っているということができない。あやまって取りあつかわれたり、不当にののしられたりしたときには、いつでも、父親である書いた本人のたすけを必要とする。[*26]

これに対して声（音声言語、パロール）は、この書かれた言葉と兄弟の関係にあるが、しかし父親の正嫡《せいちゃく》の子であるとソクラテスは言い、それを受けてパイドロスは、書かれた言葉が、ものを知っている人が語る、生命を持ち、魂を持った言葉、すなわち声の「影」だと言う。[*27]そしてソクラテスは正しいこと、美しいこと、善いことについて知識を持っている人が、そういった知識の内容を「むなしく水の中に書きこむ」――黒い水をつけて書くというようなことを、まじめな目的のためにはしないだろう。葦《あし》の茎を用い、自分を弁護することも、納得の行くまで真実を教えることもできないような言葉を用いて、大切なそれらの種をまきはしないだろう〔中略〕文字という園に種をまいて、ものを書くのは――もし書くとした場合のはなしだが――、慰みのためにこそそうするのだろうと思われる。[*28]

とも語るのである。

このようにプラトンは、声 vs 文字＝定着（正しい対話相手）vs 浮浪（定まらない対話相手）＝正統（嫡出子）vs 非正統（私生児）＝本体 vs 影＝本質 vs みせかけ＝真実 vs 虚偽という優劣を含んだ二元論的対比で文字を捉え、それをないがしろにしてみせるのである。

しかし、その対話の最中に、ソクラテスはついこう言ってしまうのだ、「それを学ぶ人の魂の中に知識とともに書きこまれる言葉[*29]」、「学びのために語られる言葉、魂の中にほんとうの意味で書きこまれる言葉[*30]」と。

ソクラテスはエクリチュール（écriture：フランス語で文字、筆跡、書くこと）を偽の（同父同母ではない）兄弟、裏切り者でも不実な者でもあると提示していながら、この兄弟の兄弟つまり嫡出子を「別種のエクリチュール」として、つまり「生命と魂をもった知の言説としてばかりではなく、魂のなかへの真理の書き込みとしても考察するに至っている」[*31]。デリダは、この「書き込み」は隠喩と思われるかもしれないが、ひとがパロール（声による言葉）から除去したいと願っているもの（エクリチュール）から借用された隠喩によって、生き生きしていると言われるパロールが突然語られ出したことに注意すべきであり、パロールがパロールたる所以は、エクリチュールがあるからだと言っている。[*32]

派生物や影という、二次的で非嫡出子的なものとして主体の外部に追放し遠ざけたものが、本質的な内部に出現し、それを正統的なものにする。声が主体の嫡出子として、主体の内部に位置づけられる本質的なものとして成立するに際して、内部vs外部、本質vs虚偽、嫡出子vs私生児、本体vs影、根源vs派生物という、不均衡的な二元論は、一方の項が他方を巻き込み、差異や隔たりはなし崩しとなる。

このレベルでの「書き込み」をデリダは原エクリチュールと呼んだ[*33]。原エクリチュールは文字そのものではないが、ひとたびこの「書き込む」ことがなされて音声的言語体系の不均衡な階層的二元化が成立すると、声は本質的な嫡出子として「私生児」である文字を貶め、外部に追放することができる。音声中心主義的言語体系といえども、その根源には原エクリチュールの痕跡が想定できるのである。

デリダは音声中心主義を批判すれば事足りると言っていないし、そこから逃れられるものでもないことを否定しない。しかし事態のこのレベルにまで降りて考察する（いわゆる脱構築する）ことが大切なのであり、安易に文字的なこと（エクリチュール）を二次的なものとみなすのは西洋中心主義の表れであり、それに加担することだと戒めるのである。活字印刷の発明以後の表音文字の現象にのみ目を向けた山口昌男もその一例であることは、次に述べるバリ島の文字を考えれば自明であろう。

バリの宇宙論的文字

インドネシアのバリ島では四種類の文字が使用されている。平常文字ウレストロとスワリラト、聖なる文字ウィジャクサロとモッドレである。ウィジャクサロは浄化や聖化のために使われ、モッドレはマントラ（サンスクリット語の呪文や祭詞）や聖なるシンボルに使われるが、これらの聖なる文字には超自然的な力があると考えられている[*34]。

聖なる文字は人の誕生と死の場面に関わる。誕生に際しては新生児の胎盤を屋敷地内に埋めるが、それと一緒に、子どもの名やマントラの呪文を書いたピピル（*pipil*）というヤシの葉も一緒に埋める。ピピルは何かのメッセージではなく、言語と学習の神サラスワティ（弁財天）を表象すると言われる。一方、死後の火葬に際して、遺体を表象する人型の白檀《びゃくだん》。パンガワク

（*pangawak*）が遺体と共に焼かれるが、そこには文字が書きつけられている。また遺体を包んだ白装束カジャン（*kajang*）にも文字が書かれている。

このように、現世への登場とそこからの退場という移行をスムーズにするのが文字であり、文字は出生以前と死後の「来世にかかわる」力と役割を有している。聖なる文字は、日常世界の感覚や意識を、それを超えた潜在的な宇宙論的・形而上学的領域へつなげていくものなのである。

聖なる文字はサラスワティを起源とすると考えられていて、今日でも祝われているサラスワティの祭日は文字を寿《ことほ》ぐ日であり、（印刷された）学校の教科書も含めて文字の記されたものに捧げ物が供され香と聖水で清められる[*35]。

この祭日において、日常とそれを超えた領域をつなぐのに不可欠な力とみなされ祝福されている文字は、バリ島ではそれゆえ、音声中心主義的な単なる二次的な派生物などではない。それを境界的とか例外的とみなすのは、マクルーハンやオングの轍を踏むことにしかならない。

ユネスコが、学校教育を受けて文字を学ぶことが貧困からの脱出に不可欠であるとしてリテラシー（識字化）の推進をSDGsの一つに掲げながら、文字に対する声の優位という音声中心主義を持ち続けているとしたら、文字は声を定着させるための都合のよい道具に過ぎないと西洋が考えているからでもあろう。

文字を学ぶ重要性を説きながら文字を貶めるという二律背反が、ユネスコだけではなく研究者にも潜んでいるとしたら、声と文字の境界面で生じていることへの考察は、著しく制限されるものになるおそれがある。だとしたら、「文盲のすすめ」とたやすくは口にできないのである。

第五章

文字が読む人の声を奪う

ナンビクワラの文字論

フランスの人類学者クロード・レヴィ＝ストロース（一九〇八—二〇〇九）は、一九五五年に著《あらわ》した有名な『悲しき熱帯』の第七部で、彼が調査したブラジルの先住民、ナンビクワラ族について述べている。その中に「文字の教訓」と題する章がある。

文字というのは奇妙なものだ。文字の出現は、人類の生存のあり方に深い変化を刻み付けずにおかなかったように思われるであろう。そしてこの変形は、とりわけ知的な性質のものであったはずだと思われるかもしれない。文字をもったことは、人間の知識を保存する能力を目覚しく増大させた。それは人工的な記憶ということもできるだろうし、その発達は、過去をより明確に意識することを可能にし、従って現在と未来を組織する、より大きな可能性をもたらすはずである。〔中略〕しかしながら、文字と、進化の中で文字の果たした役割とについてわれわれが知っていることは、こうした見方を少しも正当化しないのである。[*1]

グディのリテラシー論が現れる以前にその出鼻をくじくかのような右の議論の中で、ではレヴィ＝ストロースは、何を文字の役割と考えたのだろうか。

文字の出現はしばしば文明と結びつけられもするのだが、文字の出現に忠実に付随しているのは都市と帝国の形成、すなわち大規模な人口を一つの政治組織に統合し、階級によってランキングすること、つまり「人間に光明をもたらす前に、人間の搾取に便宜を与えた」ことだったとレヴィ＝ストロースは言う。文字は支配を確立するには不可欠だったのであり、例えば十九世紀になるとヨーロッパ諸国における義務教育の普及は兵役の拡張やプロレタリアの形成と対になって進行した。識字率を高める運動は、権力による市民の統制強化なのである（国家の法や命令を市民が知るためには、皆文字が読めなくてはならないのだ）。[*2]

レヴィ＝ストロースのこの議論に対してはジャック・デリダや、訳者の川田順造による詳細な批判があるのでここで細かくは論じない。[*3]ここで注目したいのは、この考察のきっかけになったナンビクワラの首長による文字の利用である。

レヴィ＝ストロースはナンビクワラの人々に紙と鉛筆を配ったが、彼らは紙の上に波線を書くことに夢中になりはしたものの絵を描くには至らず、やがて飽きてしまった。しかし首長だけはメモ用紙を一冊レヴィ＝ストロースに要求し、首長とレヴィ＝ストロースは同じ道具を手にしているという形になった。レヴィ＝ストロースの問いかけに首長は口頭で答える代わりに紙の上に曲がりくねった線を描いてみせた（図5－1）。

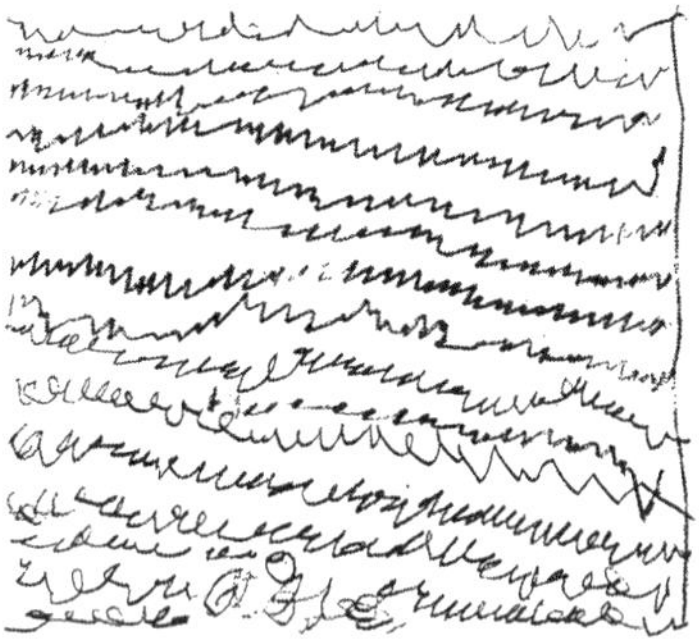

図5-1　ナンビクワラ・インディアンの首長が書いた「文字」

首長は、自分の手が一本の線を描き終わる度に、意味がそこから湧き出てくるはずだとでもいうように、不安そうに線を検分する。そして、いつも同じ失望が彼の表情に現われる。だが、彼にはそれが気に喰わないのだ。そこで私たち二人のあいだには、暗黙のうちに、彼の不思議な文字が或る意味をもっていて、それを私が解読する振りをする、という了解が成り立った。言葉による解説が直《す》ぐ後から続くので、私は説明を要求する手間をかけずに済んだ。*4

首長が期待した、意味が湧き出るとはどのようなことなのだろうか。次に続く箇所が示唆を与えてくれる。

レヴィ＝ストロースはナンビクワラの物質文化のサンプルを手に入れるため、持参した贈り物との交換を首長に依頼した。そこで首長はその勢力下にある全員を集めるとすぐ、

彼は背負い籠の一つから、曲がりくねった線が一面に描いてある紙を一枚取り出してそれを読む振りをし、わざとらしく躊躇《ためら》いながら、彼らからの贈り物への返礼に私が与えることになっている品物の目録をそこに探した。誰それには、弓矢と引換えに山刀！　他の誰それには、綺麗な飾り玉！　その代り首飾りを出すこと……。[5]

首長が描いた線は、彼がこれから発する声を生み出すものなのである。

中島敦の「文字禍」をはじめとする小説を論じながら、フランス現代思想の研究者・松本潤一郎は、「読む」とは文字を「見る」ことで声を「聴く」という感覚横断的な行為であると論じている。[6]ナンビクワラの首長も、文字を模倣した線を、勢力下にいる者たちを相手に声に出して読むことで、交換する品々を伝えているのである。[7]紙に描いた線から意味が湧き出るとき、そこから声が聞こえてくるのである。だから彼とレヴィ＝ストロースの「取り決め」においても、文字

を模倣した線から聞こえてくるはずの声を、彼が「代わり」に発していたのである。しかし線を描いたのは彼であるから、「代わりに」とはいえ、彼が彼自身の声を発していることになる。

文字（首長にとってそれは模倣というより文字そのものであろう）はこのように声を発生させるものであるが、それは彼の首長職の役割（権力）を強化するのに貢献する。レヴィ＝ストロースは、「彼は白人とうまく組みになったこと、彼は白人の秘密にも与《あずか》っていることを仲間に見せ付けようとしたのであろう」と推察している。[*8]

しかし、「白人の秘密」に与ることが、首長をその配下の人間より優位に立たせ、彼らを従属させるのに役立つと理解してはならない。「品物が彼の仲介で取引される」とあるように、首長には、その勢力下にある者たちに気前よく与えることが強く求められる。配下の者たちがあれこれの物品を多く持っているのに対して、首長はそれらの品を気前よく与えたために最も持たざる者となっているのである。

首長は個人的な威信を有しているとはいえ、「何の強制力ももっていない」。[*9]気前よく与えて、周囲の人間が彼の配下になること・留まることに同意することを求めているのだ。首長がその地位にあることの正当性を保証するのは人々の同意であり、白人の秘密に与り文字とおぼしき線を描いてそれを読み上げるのは、この同意を引き出すためなのである。[*10]

首長の描いた線（白人の文字と同じようなもの）は、その線が持つ声（首長以外誰にも聞こえない声）を湧き上がらせる。首長はその声（彼自身の声でもある）を読み上げ、気前の良さを示し、皆の同意を得ようとする。文字が声を生み出すとき、それは首長職という権力を支えるためのものとなる。

ナンビクワラににわかに出現した、文字と声と権力の関係。しかしこれとはまた異なる文字と声をめぐる権力関係がアルカイック期の古代ギリシアにはあり、それは文字を読むわれわれの常識とも大きくかけ離れたものだった。

古代ギリシアの墓碑銘

権力のある者が文字を書き、自らの威信のためにそれを声に出して読む、言い換えると声が威信をより確実なものにするというのが、ナンビクワラの場合である。しかし古典期のギリシアでは、文字を書いた当人がそれを読み上げたわけではなかった。立法者も、文字で書かれた法と自らを切り離そうとした。文字で書かれた法を読みあげる者は、文字が聞きとどけられるための道具（奴隷）とみなされた。スウェーデンの古典学者ヤスペル・スヴェンブルーによれば、書き手（書くこと）と読み手（読むこと）との関係は、成人男性と若者との同性愛的関係に類似しており、書き手が能動的であるのに対して読み手は受動的であり、従属的なのである。文字に関わるのは屈辱的なことにもなりえた。ギリシア人は読みあげることを進んで奴隷に委ねていたのである[*11]。

文字に対する従属と屈辱感はさらに蔑視へと至る。その代表例が、プラトンの『パイドロス』におけるソクラテスの発言であろう。文字は言葉を必要とする人のところに行かず、あちらこちらをふらふらするし、真意を尋ねても答えてくれることはない。音声言語の影のような存在[*12]。しかし、『パイドロス』にはこうした古典期の文字との関わりとは異なる事例が、ソクラテス自身によって紹介されている。それがプリュギア人ミダスのための墓碑銘である。

われは青銅の乙女　ミダスの墓の上によこたわる
水ながれ　大いなる樹の繁るかぎり
ここ　ひとみなのなげく塚の上にとどまりて
道ゆく人らにわれは告ぐ　ミダスこの地の下に眠ると[*13]

この「われ」とは誰のことなのだろうか。それを考えるために、迂《う》回《かい》するようだが、次のような文を教室で学生に読んでもらったとしよう。

この本で、私はこのむつかしいことを全部やろうとしたような気がする。なによりもまず、私はこの本で私自身のことを〔中略〕前面に出して、私小説ならざる「私精神病理学」とでも言うべきものを書いてしまった。（木村敏《びん》　一九九四「あとがき」『心の病理を考える』岩波新書、二〇七頁）

そしてこれを読んだ学生にこの文の「私」とは誰のことかと尋ねたとしよう。多くの学生は答えに窮する。わからないからではない。あまりにも自明で教師がなぜそんなことを尋ねるのか不可解に思い、何か隠された意図があるのではないかと疑心暗鬼になるからである。

当然ながら正解は「木村敏」である。しかしなぜこれが正解なのだろうか。ふつう人は自分自身のことを言うときに「私」という一人称代名詞を使用する。学生は先ほど「私」と発話したのに、その声に出された「私」はなぜ学生自身を指すのではなく、教室にいない第三者の木村敏のことになるのだろうか。こう質問すると学生はさらに答えに窮する。

『心の病理を考える』のあとがきの「私」という文字が、それを読んだ学生のことではなく、木村敏のことであるというのは、あまりに当然すぎる読書のルールである。誰が読んだにせよ、「私」は変わらず木村敏である。しかしなぜ誰が読んでも「私」は木村敏のことなのか。これを疑い出せばそもそも読書は成り立たないだろう。しかしここで立ち止まって考えてみると、今の私たちの読書行為は、以下のような音声中心主義を実は前提にしていることに気づく。

口頭の会話で「私」がその音声言語を発した者を指示するのと同じように、文字の世界でも、「私」とはその文字を書き記した者を指示するのであり、読者は、会話の相手が「私」と発話するのを聞くのと同じように、本の著者が「私」と書いたのを眼にするのである。会話で発声された「私」が、その音声の聞き手のことを指示しないのと同じように、読者が実は著者であるという場合を除いて、文字の「私」も、読者のことを指示するのではない。

あるいは次のように言い換えてもいいかもしれない。He said that he had been there. という英語の間接話法は、He said, "I was there." と置き換えられるが、後者の I（私）は「彼」のことであって、この文を話している話者のことをいうのではない。それと同じように、本に記された文字の「私」は、著者名が明記してあるかぎり、読者ではなく、著者を指し示すのである。黙読（内心の声）にせよ音読（外に現れた声）にせよ、読者は「私」と言っているのにもかかわらず、相手の発言を引用符つきの直接話法で繰り返すことになる、聞き役の立場にいるものと想定されるのである。

つまり、われわれの読書は、音声コミュニケーションに準じた形で営まれているのである。このように文字で記された「私」は、あくまでそれをしたためた著者に属する。読者の声は、作者の声の再現（representation）であり代行（representation）に過ぎないのである。著者の名前を記すという痕跡、すなわち署名するという痕跡が、音声中心主義に加担していることは否めない（小説などの文学作品における「私」と作者の不一致というケースがあるにせよ、その場合でも読者は「私」という登場人物の声や姿についてイメージを膨らませる。つまり文字から視覚的に登場人物を想像し、ある登場人物が発する、その人にふさわしいと読者が想像する「私」という声を聴くのである。「私」は読者に属するものではない）。

しかし音声中心主義に基づかなければ読書行為は成立しないし、それは時と場所を問わず普遍的なものではないか、だとしたら「私」がなぜ木村敏を指し示すのか問いかけるのは不毛ではないかという批判も予想できる。だが、それが普遍的というのは必ずしも正しくない。

ここでようやく、ミダスのための墓碑銘の意味が浮かび上がってくる。

文字は告げる

青銅の乙女である「われ」とは誰のことなのか。道ゆく人らに告げる「われ」は誰なのだろうか。この墓碑銘は七賢人[*14]の一人クレオブロスの作と言われている。しかし「われ」は「青銅の乙女」であり、「塚の上にとどま」るものである。だから「われ」がクレオブロスでないことはすぐわかる。同様に、墓碑銘を刻みこんだ職人でもない。

実はこの場合の「われ」とは、墓碑銘そのもののことなのである。スヴェンブルーによれば、紀元前六世紀半ばまでのアルカイック期古代ギリシアの碑銘はこのような形式であった[*15]。ちなみにクレオブロスは紀元前七世紀の人であり、条件に当てはまる。そしてその当時文字を読むとは音読することに他ならなかった。声に出すことは読むことの一部であり、読むことを完成させる行為であった。

「道ゆく人」はミダスの墓の傍らを過ぎるとき、立ち止まってその墓碑銘を声に出して読み始める。するとその声を借りる形で、墓碑銘の文字がここはミダスの墓であることを「告げる」のである。読み手の声は、それ自体では声を持たず発言できない文字が「われ」として「告げる」ことを可能にする、補完物だったのである。

碑文が「われ」であるこのような形式は、口頭の場で明言されたものを書き取り、石や青銅のような物質に再現的に刻みこんだというものではなく、音声中心主義の産物ではないということを意味する。類似の例は「われはグラウコスの記念碑」、「エウマレスがわれを記念碑として据えた」など多く存在する。これらの主張は文字に特有のものである。文字が刻まれた物質はあくまで物質であって、発話能力を与えられた、生きて考えることができる存在ではないにもかかわらず、「われ」と刻まれ、そして「道ゆく人」に声を与えられることによって、自らを一人称で指示し「告げる」ことが可能になるのである[*16]。

一方碑銘の作者は、文字を書く、あるいは刻むことが完了するや否や、墓碑銘からは切り離されて、その場に不在となる。ミダスの墓碑銘が道ゆく人に読み上げられるとき、そこにこれをつくったのがクレオブロスだという痕跡は残っていない。スヴェンブルーによれば、こうした文字とその作者の関係は父親と娘の関係に喩えられるという。父である作者は娘である文字に生命を与えたのである。

スヴェンブルーのこの解釈が的を射ていることは、ミダスの墓碑銘が自らを「乙女」と述べていることからもわかる。しかし、生命を与えられた文字が父親不在では、生きていく糧《かて》がない。文字の生存を維持するのは傍らを通り過ぎる読み手であり、読み手はいわばその場かぎりの夫になって乙女である文字と結婚し、声という生存の糧を彼女に与えるのである。父である刻み手あるいは作者は、この「結婚」の時には既に娘である文字から切り離されている。だから作者が誰であるかはあまり重視されないし、婿である読み手も「義父」に相当する作者や刻み手と何らかの形で結びついているというものでもない[*17]。

このように前六世紀半ばまでの墓碑銘の読み上げにおいては、声は文字の補完物であり、それを記した作者からは分離した文字に従属させられている。権力を持つのは「文字」そのものなのである。『心の病理を考える』のような、音声中心主義的な「私」をここに想定することはできない。

ミダスの碑銘を目にして「われ」と読み手が言ってもそれは彼自身のことを指すのではないという点は、『心の病理を考える』の読者の場合と同様である。それゆえ、読者の声を読者自身から奪うという意味で、文字を読むとは一種の権力作用ということができるであろう。しかし文字は、書き手つまり作者や著者、ないしは刻み手の声を再現＝代行（represent）しているわけではないし、読み手の声が書き手の声を再現＝代行しているのでもない。

一方読み手の声は、不十分だった文字の役目を完璧なものにするために不可欠であった。つまり、文字は声の派生物、捕捉物なのではなく、それ独自の存在様式（生命）を持ち、むしろ声が文字を補う働きをしているのである。そして声を与えられた文字は、「告げる」という「行為」を、それ自らが行為の主体となって遂行しているのである。

ここでナンビクワラの首長の描いた線分と発言に戻ってみよう。自ら線を描いた後、首長は「誰それには、弓矢と引換えに山刀」と宣言する。それは、「私は、誰それには、弓矢と引換えに山刀を交換することを命ずる」という行為遂行的発言と考えることできるだろう。[*18] だとしたら、ナンビクワラの首長がしていることは、文字に書かれた判決文を読み上げ「被告を無期懲役に処する」と宣言する（行為遂行する）現代の裁判長と変わるところがないといえよう。この点を調査者のレヴィ＝ストロースも、彼を批判するデリダも、首長が文字もどきの線分を描いて読んだ振りをしていることに気を取られ、見落としていたようだ。

表5-1　発話の性格を分類する二項対立の配列表

	行為遂行的／記述的・再現代行的	読み手の声（読み手のものか）	個としての作者
ナンビクワラの首長	行為遂行的（＋）	奪われていない（＋）	現前（＋）
『心の病理を考える』	再現代行的（－）	奪われている（－）	現前（＋）
ミダスの墓碑銘	行為遂行的（＋）	奪われている（－）	不在（－）
？	再現代行的（－）	奪われていない（＋）	不在（－）

ナンビクワラの首長が行為遂行的発言をしているという点は、墓碑銘が告げるという行為遂行的発言を行っているのと同じである。このとき首長の声は、行為遂行的ではない記述的・再現代行的文章としての『心の病理を考える』のあとがきの読み手のように、自らの声を奪われてはいない。一方、墓碑銘で作者や刻み手が、墓碑が建立されるとその場にはもはや不在になるのと異なり、自分で線分を描いた首長はその場を取り仕切っている。以上三者の関係を図式的に表してみると表5－1のように、レヴィ＝ストロースがよく使う＋／－の二項対立の配列表ができあがる。

では、第四番目の（－）（＋）（－）の事例は存在するだろうか。明治十年代に日本の各地に見られた新聞縦覧《じゅうらん》所という空間が思い浮かぶ。

新聞縦覧所に響く声

多くの読者には聞き慣れない言葉かもしれないが、新聞縦覧所とは、複数の新聞を集めて有料・無料で読ませる読書施設で、新聞の普及が弱い明治初期に、官の奨励あるいは民間の有志者によって数多く設置された。[*19] 新聞を読んで蒙《もう》を啓《ひら》くという成人教育的な役割が期待されたが、府県という官側によっていわば上から設置された新聞縦覧所は人々に敬遠され、中身のない施設と化す傾向が強かった。

それに対して民間側からの新聞縦覧所はブームとなり、全国的な拡がりを示していく。[*20] 全国各地の縦覧所の設立が新聞を通じて報道されると、各地の読者がそれを模倣するという形で波及していったのである。民間の有志たちは費用を工面し縦覧所を設置、様々な種類の新聞を購入し、時に無償、時に有償で、人々が新聞を閲覧できるようにした。特に自由民権運動の流れを汲む縦覧所の場合は顕著であるが、複数の新聞雑誌は、あくまでも演説・討論のための材料という意味が強かった。そこには、新聞という印刷物を媒介にして人々の読む声、討論する声が満ちあふれていた。[*21] 後で引用する「淡雪《あわゆき》」という明治三十一（一八九八）年の小説では、登場人物の書生が「桜花新聞」を声高に読んで「それに評語を加え」たことが、もう一人の登場人物である紳士との喧嘩の原因となった。[*22]

ここで注意しなくてはならないのは、書生は一人声高に新聞を読むだけでなく、自らに向かって、その記事に対してコメント（評語）を加えているという点である。新聞縦覧所でも、そこを訪れる人々が行っていたのは（あるいは人々に期待されていたのは）、新聞記事の内容を忠実に受け入れることではなく、それに対して自らの見解を声高に発話するということだったのである（記事に賛同する場合でもその旨を明確に表明する）。

新聞縦覧所に置かれた複数の新聞（中央紙もあれば地方紙もあり、平易な読売新聞もありと雑多である）の記事には記者の名前が記されていたり、「寄書《よせがき》」（今の投書欄）に投稿者の名前が記されていた。

しかしそこで問題になるのはこれら執筆者の個としての存在ではない。大衆向けの平易な読売新聞は、あたかも読者にわかりやすく話しかけるような文体で記述され、[*23]口承社会のような共同体的な親密性を醸《かも》し出そうとした。[*24]それを読み上げる人の声を聞いた人々がさらに声をあげるという、その場での共同性の出現が、縦覧所を特徴づけている。

また記事の内容は読者に行為遂行的発言を促すものではなく、何かの事件・出来事を記述するという再現＝代行的なものである。記事を読む時点で読み手は声を奪われているが、読み終わると評語することにより、自らの声を取り戻す。それが縦覧所の新聞に求められていたことである。読み手（および聞き手）は消極的な読者に留まってはいないのである。

縦覧所が設置されていた明治時代にもう一つ、不特定多数の人々が集まり文字を読む公共空間が誕生していた。しかしそこは縦覧所とは異なり、音読は許されなかった。

図書館という黙読空間

ナンビクワラの首長の場合でも、墓碑銘においても、読むとは声を出して読み上げることであった。一方、『心の病理を考える』を読む場合、私たちは必ずしも音読するのではなく、黙読するのではないか。しかし黙読は、文字の導入とともにごく自然に行われるようになったのではない。

永嶺重敏によれば、日本の場合、明治になって近代化の道を歩みはじめても、年齢・男女を問わず、また時間帯を問わず、生活のあらゆる場で一般的なのは音読の方だった。[*25] 日本は近代化以前、世界的にも識字率が高かったとよく言われるが、地域や職業に応じて千差万別であり、明治初期にはきわめて多様なリテラシーの階層が存在していた。

家庭や職場、また前節で述べた新聞縦覧所では、新聞を読むことのできる者が新聞を読めない者たちに「読み聞かせ」することが行われ、一人きりの読書を黙読でしていても、感極まれば音読へ移行するというのはよくあることだった。また公共の場でも、例えば移動中の汽車の中でも、乗客は新聞や雑誌を音読していた。時には隣の乗客の新聞を覗き込み、声高に記事を読む者がいるほどだった。[*26]

しかし近代化とともに不特定多数の人々が集まる公共空間が拡大すると、伝統的な音読慣行が他人の妨げになるため、音読を排除し黙読を制度的に承認して、「黙読空間」を強制的に創り出す試みがなされた。その典型的なものが図書館である。我が国最初の官立図書館である文部省の「書籍館」（明治五＝一八七二年設立）の規則において音読否定が打ち出され、以後次々とつくられた図書館の規則でも音読は禁止された。「階層・属性・年齢の如何を問わず、あらゆる利用者に対して音読禁止令が発令されていた」。「明治の図書館は、さながら音読禁止条項という壁によって守られた黙読空間といった様相を呈している[*27]」。

しかし明治以前には、社会的属性を異にする不特定多数の読者が同一の空間に集まって読書するという経験は皆無であり、しかも大勢の人間が黙読しているという光景は明治の人にはきわめて珍奇に映った。永嶺は、旅行雑誌『旅』の明治三十六（一九〇三）年に連載された「新趣向の東京見物」と題する、東京の名所案内を取り上げた誌面から帝国図書館の記事を例として紹介している。

> 舘内は総て藁織絨氈《わらおりじゅうたん》にて、足音のせぬ注意は勿論話声をも慎しむべく、声少し大きくせは《(ば)》シー

〳〵と制止せらるべし、されば舘内数百の人々頭を抑へ、眼を下して黙読静視の謹状、実に好学の風敬慕すべく、一時間勉強の学校教場とは其趣《そのおもむき》雲泥の差が有る〔中略〕地方出京者の父兄は一度《た》びこの無言の業を修むる学堂の見物といつては穏かならねどをして、国への土産話にし給《たま》へかし[28]

集団的音読に慣れた明治の人々の目には、ひたすら黙読している人々の群れが、土産話になるくらい異様に映ったのである。それは人々の日常的読書感覚から遊離した、人為的に創出された空間であり[29]、図書館の中で本を読む読者は、近代国家によって、発声することを奪われていたのである。

しかし黙読空間が次第に社会に定着すると、移動する列車の中などの公共の場でも、人々は音読に寛大ではなくなる。永嶺は別の著書『〈読書国民〉の誕生』の中で、音読と黙読の対立を描いた明治三十一年の小説「淡雪」を紹介している。

京都七条駅の上中等待合室で四十五、六歳の紳士が新聞を静かに読んでいたところへ二十六歳の書生が入ってきて、ロシアの旅順口占拠を報じる「桜花新聞」を声高に読み始めたため、紳士が注意すると口論になってしまい、ついには紳士が書生の横っ面を拳骨《げんこつ》で殴りつけでしまう。激昂《げっこう》した書生は紳士を突き飛ばしてしまい、巡査が駆けつける騒ぎになるというものである。巡査は音読が喧嘩の原因だということをなかなか信じない。それくらい、音読は当時としては駅や車中ではありふれた行為であったのだが（逆に言うと鉄道は今から想像できないくらい喧噪《けんそう》な空間だったのである）、次第に世の中は寛容ではなくなっていく。[*30]

明治三十年代（一八九七―一九〇六）に入ると、教育の場面でも音読の弊害が説かれるようになる。音読をすると発音の方に興味が生じて意味の方を疎《おろそ》かにするおそれがある、音読は無益に体力を消耗し、労して効なきものであるなど。夏目漱石でさえ、「思考を凝らして読むべき書籍をベラ〳〵と読むでは読者自身に解らないのみならず、あたりのもの丶迷惑な話ではないか」[*31]と述べている（写真5-1）。こうして黙読が読書の望ましい一般的な姿として受け入れられるようになる。明治十七（一八八四）年の辞書には、音読とは「訓読」の対義語でいわゆる「音読《おんよ》み」という意味しかなく「黙読」の見出しもなかったのが、明治三十一年の辞書で初めて「音読」の項に「声に出して読むこと」の語義が付け加わり、「黙読」の見出しが設けられる（表5-2）。黙読が社会に定着し始めたことの現れであり、日常生活における音読と黙読の割合も、男女とも学年が進むにつれ黙読の割合が圧倒的に増えてくる

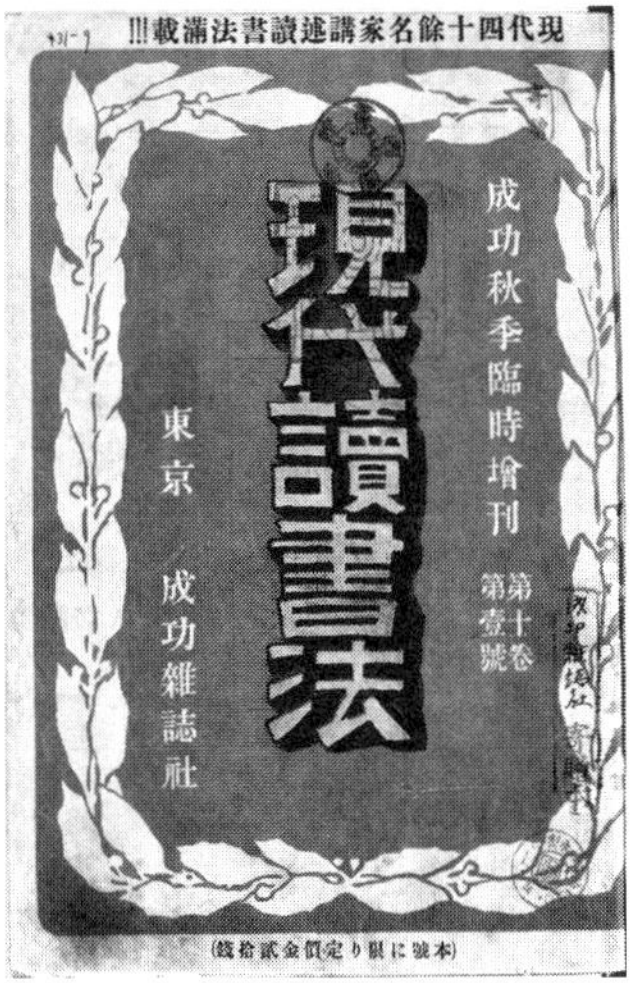

写真5-1　夏目漱石が「音読と黙読」を寄稿した雑誌『成功』（秋季臨時増刊号『現代読書法』、1906年）

表5-2　明治中期の辞書にみる「音読」と「黙読」の語義

辞書名	刊行年	「音読」の項	「黙読」の項
『言海』	明治17（1884）	「漢字ヲ,音ニテ読ム事.（訓読トイフニ対スル語,音ノ条ヲ併セ見ヨ）」	（なし）
『日本大辞書』	明治25（1892）	「漢字音。漢字ヲ其音デ読ムコト（くんどくノ対）.」	（なし）
『日本大辞林』	明治27（1894）	「からもじを,音のまゝによむをいふ」	（なし）
『帝国大辞典』	明治29（1896）	「漢字を,其音にて読むことをいふ,くんどくに対していへり」	（なし）
『ことばの泉』	明治31（1898）	「①漢字を,音のまま読むこと.（くんどくに対して）②**声を出して書を読むこと.（もくどくに対して）**」	「声を出さずに,書を読むこと」（音読に対して）

表5-3　日常生活おける音読と黙読（昭和12=1917年）（%）

性別		尋1	尋2	尋3	尋4	尋5	尋6	高等
男児	音読	92	71	33	30	21	9	7
	黙読	8	29	67	70	79	91	93
女児	音読	100	72	74	52	15	12	20
	黙読	0	28	26	48	85	88	80

＊児童が雑誌等を読む際にどちらがより理解が容易であるかを某小学校で調査したもの。「尋」は尋常小学校で、現代の小学校にあたる。

瀬尾桝恵「音読黙読の姿態とその効果」『国語教育』第22巻第12号、昭和12年12月より

のである（表5－3）。

音声中心主義的な読書では、読み手が発する「私」は読み手を指示するものではなく、読み手の声は読み手に帰属しない。それだけでなく、黙読の奨励によって、読み手は声そのものを近代国家によって抑圧されているのである。『心の病理を考える』や古代ギリシアの墓碑銘のように、読み手の声が読み手に帰属しないことも合わせ、あるいは反対に首長の権威を効果的に受け入れさせるナンビクワラの首長の場合のように、文字を読むとは、権力行為（力の行使）である。日本の近代化において登場した新聞縦覧所では、文字を読んで政治的発言をすることを求める力が働いていた。しかしその近代はやがて公共空間から、それまで当たり前のように行われていた音読（声）を排除して、黙読を市民に強要するようになったのである。

第Ⅲ部

書承と口承の境界面

第六章

文字が新たな声を生み出す

フランス職人の書承性と口承性

十八世紀から十九世紀は、フランスの民衆階層に読み書き能力が浸透していく過程であった。識字能力はまず都市の手工業者や小商店主層の間に広まり、ついで彼らの下で働く職人層にも浸透していった。この時期に顧客との間の支払いは現金ではなくなり、その都度の取引を帳簿に記入する方法になっていった。これが手工業者の間での識字能力を促進した。[*1]

例えば、リヨンの結婚契約書への署名率（自分の名前を書ける割合）は、一七八六年から八八年にかけて、絹織物工で男性七四％、女性三八％、パン焼き職人で男性が七五％、女性七六％であり、後者の場合その徒弟の識字率（一七四六年から四七年にかけて七〇％以上）も、日雇い労働者（男性三七％、女性一九％）に比べるとかなり高いものであった。パリも同様の傾向にあった。[*2] それゆえ、職人層は非識字層というのは誤った観念といえるだろう。

職人・労働者層の中には、学校教育ではなく、識字能力を身につけた人物のもとで読み書きを覚える者たちもいた。十九世紀のパリで石工として成功したマルティン・ナドは、もともとはフランス中部リムーザン地方の出身であった。彼はその土地の教区財産管理委員をしていた老人に教えを請い、片道二時間の道を歩いて勉学に通った。その後教師を職業とする人物の塾で、次いで別の教師のもとでも学んだ後、パリに来ている。[*3] 読み書き能力を習得することへの欲求が民衆の間で拡がっていたことがうかがえる。彼らは本格的な読書の習慣を身につけ、後世回顧録を残しているほど知的なエリートであった。

こうした学ぶ意欲の旺盛な人たちは「独学の人」と呼ばれた。[*4] そして「独学の人」が出現するのに呼応するかのように、多様な出版物（新聞、大衆小説、宗教関連の書物）が登場した。[*5] 出版物が「独学の人」の読書欲を刺激するだけでなく、「独学の人」の存在が多様な出版物の刊行を促しもしたのである。しかし読み書き能力の浸透・普及が直ちに音読や口承文化をしのぎ、抑圧するとは限らず、むしろ活発化することもありえた。[*6]

工作機械の町工場が成功し富裕なブルジョワの仲間入りをしたドニ・ブロは、第二帝政期に金属機械工の世界を身近に体験し、その実態を描いたのであるが、機械工が集まる居酒屋には二つの大部屋と奥の小部屋があるのが普通で、部屋ごとに読まれる新聞の記事も異なっていた。第一の広間では三面記事や『法廷新聞』の裁判記事、さらには凶悪犯罪の記事、第二の広間では三面記事も社説も読まれ、上流階級の社交界のニュースから教会の催し、革命家のことまで幅広く取り上げられる。第三の部屋にあたる奥の小部屋ではもっぱら政治家の動向が話題となった[*7]。

とはいえいずれの部屋でも特徴的なのは、書かれたものとしての記事が声に出して読み上げられると、人々はたちどころに、日常的で身近な知識と話し言葉を用いて機知に富んだ言い換えをおこない、記事に対するコメントを交わしていたという点である[*8]。

例えばバラバラ殺人事件を起こした肉屋の犯罪記事については、肉屋はいつでも血塗れになって仕事をしているのだから驚くほどのことではないといったコメントが交わされる。上流階級の夜会の話が出ると、貴族とは全く無縁な生活を送っていて、彼らに興味がなく想像することもできないその場の人たちに対して、読み手が次のようなコメントを与える。

「名前にドがくっついているからってんで、他の連中より自分たちの方が一段上だと思わせたがっている気取り返った連中が山ほどいるってことだ。わけもねえことさ。俺はさしずめ空の財布侯爵（マルキ・ド・ラ・ブルス・プラット）ってわけだぜ。だが俺は威張り返れるかってんだ。ええ、フェリックス。おまえは男前だからすかんぴん公（プランス・ド・クルト・ラント）ってのはどうだい」[*9]

新聞記事の文章で表現された言葉（貴族を表すドという表現）が労働者の日常の言葉で受け止められる。「空の財布」＝ブルス・プラット、「すかんぴん」＝クルト・ラントといった言葉はその場で思いつかれた言葉であって、仲間内の合い言葉に近いものである。

つまり「集団のなかで印刷物が声を出して読まれるという行為が、その集団のなかでのみ意味をもったものに、書かれた言葉を転換させて」しまい、「本や新聞などの印刷物が独自の活用のされ方をし、書いた者の意図からは離れた独自の〈解釈の共同体〉を生み出している」のである。[*10]書かれた文字は読み上げられると、その内容からは離れていき、読み上げられた声を聞いた者たちの間でのみ通用する、その場限りの話し言葉を生成しているのである。書承性は口承性を排除しているのではなく、即興的に生成しているのである。

耳と目あるいは口と筆――柳田國男による声と文字との相互干渉論

右のような、口承性を生成する書承性を考える際、日本民俗学の父と言われる柳田國男（一八七五―一九六二）の見解は示唆的である。

柳田は言語芸術を日本民俗学の三大研究領域の一つに算《かぞ》えており（他は有形文化、心意現象）、その研究にも精力的に取り組んでいたが、昔話などの口承文芸（文字を介しない口伝えのもの）と文字の文芸との関連を『口承文芸史考』において論じている。「フミ（＝文字で書かれた文芸）ではないところの言語芸術が、ずっとその以前から久しく存していたことは、これまた歴然として争うべからざる証跡があるので、『書くこと』をもって国の文芸の最初とみる者などは一人もいない」と述べ[*11]、口承文芸を無視してはならないことを説いている（柳田もオング同様「口承文芸」という語が矛盾を孕《はら》んでいることを指摘している）。

「口承文芸」を耳の文芸（あるいは「口」）、文字で書かれた文芸を眼の文学（あるいは「筆」）と柳田は呼び、「口と筆との二つの文芸が、截然《せつぜん》として袂を分かって進むもののように、考えてしまうにはまだ少しく早いかと思う」と注意を喚起している。[*12] 文字に縁のなかった人々が眼の文学を利用し得なかったのは当たり前であるが、「彼らの参与を全く予期しない文芸というものはまれであった。耳の文芸に至ってはさらにそれ以上に、彼ら以外のいわゆる眼の見える人々との交渉が深かった[*13]」からである。

「以前の著述には最初から、耳による流伝を目的としたものさえ少なくない[*14]」。例えば『南総里《なんそうさと》見《み》八犬伝《はっけんでん》』などの「読み本」（声に出して読むことを主とした文芸書）は、単なる眼の文学ではなかった。そもそも「読み本」の「ヨム」とはかぞえること、暗誦することも意味していた。語呂がよく記憶に残りやすい七五調の文体は読み本の「常の形」でさえあった。聞く側にも、誰かが声に出して読み聞かせれば、文字を解しなくても一度聞いただけで暗記し、なかには「四書や小学の素読を監督して」読み違いをただすことができる者もいたほどである。柳田は、「日本でいちばん古く、かつ有名なるいくつかの読み本は、久しいあいだ正真の盲目がこれを管理していた」と記しており、読み本としての『平家物語』はその一つであると言う。[*15]

耳で聞くことを目的とした眼の文学という柳田の説は、目と耳の間の連続性を主張する先駆といえる。

以前は筆写もまた口頭の伝承と同じように、毎回少しずつの成長は予期せられ、記録はただ次の一本の現われるまでの期間、ないしは他の同種のものの知られざる地域にあってのみ、一つの文芸を固定する力をそなえていたのである。[*16]

この筆写の成長は「以前」に限ったことではなく、現代にも当てはまるものである。例えば落語の台本や漫才のための芸人のネタ帳を考えてみよう。それらは耳で聞かれる演芸のために書かれたものであり、とりわけ後者は上演するためにコンビが繰り返し練習してみながら、また実際に演じたときの客の反応を見ながら、書き直されることもしばしばである。

例えば、漫才コンビ「笑い飯」の哲夫氏は、三年以上ネタをノートに手書きで書き続けている。そしてテーマを決めてネタの打ち合わせをすると、相方の西田氏から「やりた〔く〕ない」とダメ出しされることもあり、その場合は練り直し、許可が下りたら先に進むということをしているという。そして本番同様に十五分くらい二人でしゃべり続けて「もう同じようなボケしか出て来んなあ、てとこまでやるんです。あんまり話が転がって行かんかったら、設定からやり直し」。語りに応じて、文字（ネタ帳の内容）もどんどんと書き換えられていくのである。*17

口承文芸は、語られるたびに話者の機転とその場の雰囲気に応じて内容が微妙に変化していくものだが、台本やネタ帳も、これから話芸を耳で聞く聴衆の笑いを引き出すために、不断に書き換えられていく。その点では、内容が変わらない語り物（浄瑠璃や浪花節、祭文《さいもん》のように筋のある物語を節をつけて語る芸能）以上に、より「耳」に近いといえよう。

文筆は単なる伝承の一方法たるに過ぎぬ場合が多かった。これが読書であると暗誦であるとによって、太い分界線を引くことは不可能である。*18

柳田は、グディ以前にグディの見解を批判し乗り越えていたのである。とはいえ、読み本の代表とも言うべき『平家物語』を単純に「耳による流伝を目的としたもの」とみなすことには慎重にならなくてはならない。

平家物語の成り立ち

『徒然草』第二百二十六段には、『平家物語』の成り立ちが述べられている。それによると、学問に秀でていたが隠遁していた信濃前司《しなののぜんじ》行長《ゆきなが》が、慈円《じえん》の庇護《ひご》を受けながら平家の物語を作り、生仏《しょうぶつ》という盲目の僧に教えて語らせたとある。[19]『愚管抄《ぐかんしょう》』の著者として知られる慈円は天台座主《ざす》(比叡山延暦寺の最高位の僧位)を務め、平家をはじめとする怨霊を鎮めるための大懺法院《だいせんぼういん》を建立した。

しかし柳田國男は、『徒然草』の信濃前司行長作者説に疑問を呈したのである。「有王《ありおう》と俊寛僧《しゅんかんそう》都《ず》」と題する論文で、『平家物語』の成立以前に、その元となった物語を語り伝えた様々な担い手がいたことを柳田は示唆している。[20]

俊寛僧都(僧都は僧侶を統括する僧官で僧正《そうじょう》につぐ位)は、後白河《ごしらかわ》法王による平家討伐を企てた計画が露見したことから、それに関与した彼と藤原成経《なりつね》、平康頼《やすより》とともに、九州の鬼《き》界《かい》ヶ島に流される。成経と康頼は熊野への信心深く、島にある山や滝を那智の御山や滝に見立てて熊野詣での真似をして帰洛を願っていたので、中宮徳子《とくこ》の出産に際しての大赦で帰還が許される。しかし不信心だった俊寛のみは島に残され絶望の淵に追いやられる。俊寛の従者だった有王は、俊寛の娘の書状を持って鬼界ヶ島の彼を訪れる。痩せ衰えた俊寛は娘の手紙[*21]を読み悲嘆にくれ、自ら食事を控えて、有王に看取られ死んでいく。有王は俊寛の遺骨を高野山の奥の院に納め、蓮華谷《れんげだに》で法師となり、「諸国七道を修行して」めぐりながら、「主の後世を」弔った。

柳田は、俊寛終焉の地の伝説や俊寛のものといわれる墓が西日本各地に存在することから、俊寛のことを伝えて諸国を回った者がいると考え、法師となって「諸国七道を修行」した有王に注目する[*22]。蓮華谷は高野聖《こうやひじり》（高野山に隠遁して念仏を行った僧）の元祖とされる明遍《みょうべん》によって開かれた高野山の別所（修行所）であり、そこに集まるのは、寺院教団を嫌い隠遁した僧侶であった[*23]。有王も高野聖なのである。

しかし俊寛と有王の伝説や遺跡が各地に存在することから、柳田は、有王がただ一人の人物のことではなく、「色々の奇抜な物語、殊《こと》に死霊の執着といふ類の不思議を、語つてあるく法師の代々の通り名だつたかも知れぬ」[*24]と述べる。そしてこれら奇抜な物語が集積され、『平家物語』のテクストの素材の供給源となった場所が蓮華谷ではないかと考えるのである。密《ひそ》かに鬼界ヶ島を脱出して都に帰る途中に病を得たためにその土地に俊寛が住まうことになったという伝説が九州各地にある。こうした伝説や語りが、文字で書かれた『平家物語』に先立ってまず存在していたのである。

明瞭に言ふならば語りの方が前なのである。文學《ママ》は単に之《これ》を筆録し、又やゝ修正を加へたに過ぎぬのである。今でも文字を識《し》らぬ者を明盲といふ如く、盲は人間の最も文字と縁の無い者である。盲が最初から語つて居たといふ平家物語を、誰かゞ書いて与へたといふのが既に訝かしい。それをまともに受入れてなんとも思はなかつた、人の心はなほ一段と解しかねる。[*25]

兵藤裕己《ひろみ》は、柳田のこの仮説を受け入れつつも、「平家物語が文筆家の構想力に媒介されて成立したことはたしかで」あり、それが慈円の建立した大懺法院において行われていたと、筑土《つくど》鈴寛《れいかん》に依拠しながら述べる。[*26][*27]

大懺法院には信濃前司行長のような隠世者や下級の唱道者（説教・法談を行う僧）が「供僧《ぐそう》」（寺に給仕する僧）として仕《つか》えていた。大懺法院は鎌倉時代の初めに三条白河に建立されたと言われており、後に東山の吉水《よしみず》に移築された。東山には数多くの念仏の聖《ひじり》が居住しているだけでなく、吉水のある八坂郷は、八坂方と呼ばれることになる琵琶法師の活動拠点でもあった。『平家物語』の話材は、彼ら下級の宗教民や芸能民によって大懺法院に運び込まれた。それに文献類や記録類が取り合わされ、さらに年代記の形式や因果論的な物語が付与されて『平家物語』のテクストが成立する。[*28]「たしかに大懺法院は、琵琶法師や聖、さらに説経僧、文筆家らが相互に交流する物語成立の場《トポス》だった[*29]」

編集・再構成された平家の物語は、再び琵琶法師によって語り継がれていく。文字が声を生み出していく。柳田の言い方を借りるなら、耳と眼、声と文（フミ）のあいだに連続性が見出されたのである。この連続性は「眼の見える旅法師と座頭との連絡」として柳田には構想されていた。しかしそれは不動不変の文字が無数の声を生み出すということではない。その語りの過程で、文字で書かれたテクストにも複数のヴァージョンが生まれていくのである。『平家物語』にはただ一つの正本しかないというわけではない。

変化生成する文字テクスト

文字で書かれたテクストとしての『平家物語』には様々な「本」が存在するが、記録や説話の原資料が生の形で寄せ集められていて、最も古いものと考えられているのは、紀州根《ね》来《ごろ》寺で書写された延慶本《えんぎょうぼん》である。延慶本の系統には長門本《ながとぼん》、源平盛衰記《げんぺいせいすいき》があり、これらは「読み本」と言われる。「読み本」系の本は、後述する覚一本《かくいちぼん》（今日一般に読まれている『平家物語』）などの本の二倍近くの分量がある。これらは談義・講釈の種本となったり、知識人の読み物であったりする[*30]。「読み本」とは別に、今日一般に読まれている『平家物語』を「語り本」という。当道《とうどう》という

「平家」を語る盲人琵琶法師の座組織において伝承されたテクストのことをいうが、南北朝時代に当道を組織し座の長になった覚一検校《けんぎょう》によって、応安四（一三七一）年につくられたのが覚一本である。覚一本は当道の正本であるが、それとは別に屋代本《やしろぼん》などのような非正本系統のテクストも存在する。覚一本が、壇《だん》ノ浦《うら》の合戦後の建礼門院の物語を本編から抜き出し「灌頂巻《かんじょうのまき》」として独立させ、当道の検校に特権的に伝授される秘曲としたのに対して、非正本は、平家の断絶を語る「六代被斬《きられ》」で全巻が終わっており、建礼門院の話も本編中に組み込まれている。[*31]

　また覚一本が人物中心・場面中心に物語を構成しているのに対して、非正本系は物語の叙事的な展開に主眼をおいている。[*32]つまり、語られ方に応じて、文字として構成されたテクストも同じままの状態にとどまってはいないのである。語り手や語りの場面に応じて神話や昔話などの口頭伝承に様々なヴァージョンが生まれ、一つとして同じ形・内容のものはなく、どれが正典と決められないように、[*33]文字としての平家物語も、やがていくつかに収斂《しゅうれん》していくにせよ、不断に生成を繰り返していたのである。それは書かれた「平家」をどう語るのかという、「平家物語」への向き合い方と、語るのはどのような人物かということと大きく関わっている。[*34]

文字と声の関係

近世以降「平家物語」を語ることを「平曲《へいきょく》」というのに対し、中世や近世初頭では「平家」というが、兵藤は、台本や譜本（節付け本）が先行して「平家」があるのではなく、盲人の「平家」は決して単なるテクストの復唱ではなかったと強く主張している。[*35]

江戸初期に編まれた「平家」を語る指南書『西海餘滴集《さいかいよてきしゅう》』に、

平家を語《かた》は、先《まづ》平家をしるへ《（べ）》し。〔中略〕其《その》平家と云《いふ》は、声にあらす《（ず）》、文字によらす、節《ふし》墨譜《はかせ》にあらす、形義にまかせす、琵琶にまき《（ぎ）》れす、作意のなす事にあらす。然《しか》も幽玄にして師伝まかされす。〔中略〕されは《（ば）》平家に師道なし。平家を以《もって》師とす。〔中略〕声に出し口に吟して分別せは、自然に其わきまへ可出来《いでくべし》。

とある。[*36]「平家」を語るには「平家」を知らなくてはならない。しかし知るとはどういうことか。「声に出し口に吟」ずることである。これでは堂々巡りだが、「語ること」と「知ること」の関係は、語りと語られる対象という二元論で捉えようとするから循環的に見えるのであり、「平家」とは「語る」行為それ自体であり、「声に出し口に吟」ずるその都度に一回的に知覚できるもの

と捉えなくてはならない。だとすると

「平家」は語り手の外がわに文字テクストとして在るのではない。それは「声に出だし口に吟」じるそのつど語り手の意識に呼びおこされる。そしてみずからの「声」の現前において知覚される「平家」の世界、その「平家」に「我もその身にな」ることが「平家を語」る行為であるとすれば、そのような「平家」の語りから、ここに盲人の霊媒《シャーマニック》的な職能を想起することも可能なのである。[*37]

この、語られるそのたびに語り手の内部で「平家」が語り手に憑依《ひょうい》し「平家物語」の世界が立ち上がるという理解に手がかりを与えていたのが柳田國男である。柳田は「有王と俊寛僧都」で、俊寛の伝説が各地に伝わるのは「有王なる者の言を信ずる風習」があったからだが、語り手の名が「有王」であるという点について、それは神の申し子を意味すると述べている。有という語は神秘性を有しており、「古い用法では神霊の出現がアレマスであった」。またアリ・アレが「目に見えぬ霊のよざしを受けて、貴とい言葉を世に伝へ得る者の名でもあつた」例としては、稗田阿《ひえだのあ》礼《れ》などがよく知られていると言う。[*38]

さらに、文字テクストが編纂・構成された大懺法院は、もともと滅亡した平家や平家に恨みを抱いて死んだ怨霊を鎮めるために建立されたものである。「平家」を語るとは、霊的な世界とのつながりを有したシャーマニスティックな体験なのである。

盲僧としての琵琶法師は、京都の鬼門としての比叡山に典型が見られるような、境《さかい》を固め、外から侵入する悪霊・邪霊を退けて境の内を鎮め、土地の生産力をそぐ死者、なかんずく戦闘に恨みを残して死んでいった怨霊を鎮めることを職能とした。そのために、その死者がかつてはなばなしく戦った話を語ることにより、死者を怨念から解き放った。〔中略〕怨霊たちは、芸能者からみずからの体験を語り聞かされることによって浄化をとげたのである。盲目のゆえに現世からとざされる琵琶法師だからこそ、歴史の裏側に退けられた安徳帝以下、平家一門にみずからを重ね、霊魂のヨリマシとして、それを語ることによって、かなたに送りとどけることが可能であった。〔中略〕琵琶法師は、語りの素材、特に怨霊に同化する傾向を強く示した。[*39]

「物語りはつまり琵琶法師の経典である」[*40]。盲目の法師の琵琶も、神降ろしをする巫術《ふじゅつ》の呪具であることが知られている。琵琶法師が語るたびに文字テクストの元になった合戦や入水《じゅすい》などの「事件の現場」が出現し、法師の語り方次第で文字テクストが表現した出来事の表情も異なっていく。

「平家物語」の文字テクストは法師＝霊媒師《れいばいし》に語られるたびに、物語の発生という「初源へのゆりもどしをうける」[*41]のであり、不動不変のものではなくなるのである。鬼界ヶ島から帰洛を一人許されなかった俊寛僧都について、巻三の「足摺《あしずり》」で「昔壮里《そうり》・息里《そくり》が海岳山へはなたれけんかなしみも、今こそ思ひ知られけれ」と故事を想起し、さらに「御産《ごさん》」で「俊寛僧都一人、赦免なかりけるこそうたてけれ」と俊寛への思いを深め直接その思いを表現したのは覚一であり、どちらも屋代本にはない叙述で、覚一が語り込んだ表現が文字テクストに残ったのである。[*42]

語り（口）との相互作用により文字（眼）も、口頭伝承のように絶えず生成し、同じままではいられないということ、また文字は憑依経験やシャーマニズムと結びつくという主題が浮かび上がってくる。これらについて次章以降で考えてみなくてはならないが、その前に、文字テクストの前に語りがあったという柳田や兵藤の主張には、微修正が必要である。そのことを指摘しなくてはならない。

はじまりの文字

「平家物語」の巻三「足摺」には、赦免状が鬼界ヶ島に届けられたとき、そこに自らの名前がないのを見つけた俊寛僧都の様子が語られている。

雑色《ざつしき》が頸《くび》にかけさせたる文袋より、入道相国《しやうこく》のゆるし文取出いて奉る。ひらいてみれば〔中略〕とばかり書かれて、俊寛と云ふ文字はなし。礼紙《らいし》にぞあるらんとて、礼紙をみるにも見えず。奥より端へよみ、端より奥へ読みけれども、二人とばかり書かれて、三人とは書かれず。[*43]

俊寛僧都の名前を記した文字は見当たらなかったのである。また同じ巻の「有王」では、有王が京にいる俊寛僧都の娘の手紙を届けるが、そこに書かれた文字が俊寛の悲しみを増幅する。その手紙は、鬼界ヶ島への船旅で身ぐるみを剝《は》ぎ取られる有王が、奪われないようにと必死に守ったものなのである。

薩摩より彼島へわたる船津にて、人あやしみ、着たる物をはぎとりなどしけれども、すこしも後悔せず。姫御前の御文ばかりぞ、人に見せじとて、もとゆひの中に隠したりける。[*44]

柳田の言うように、高野聖と盲目の琵琶法師が連絡しながら俊寛の物語を伝えていたとしたら、彼らが原テクストとも言うべき伝承で語っていたのは、実は文字が記された赦免状や手紙なのである。つまり、はじめに文字があったのである。

文字が語りを生み出すというのは、インドネシア研究の文化人類学者ウェブ・キーンが述べていることでもある。

バリ島では、文字は、身体の内側にあり、感覚的に捉えることのできないもの（思想）を外在化させるものであるが、初めに存在するのはこの文字の方なのである。文字は人間の体の中に含まれていて、舌の上に書き記されていると伝統的に考えられている。話し言葉は、この先に存在する文字の派生形であり、身体内部という私的な領域から身体の外側の公的な領域に向かって、明るみに出されたものなのである。僧侶が発する経文の聖なる音節が力を持ち外界に影響を与えるのは、身体の内にある文字を絞り出したものだからである。*45

一方同じインドネシアのスンバ島では、人間に問いかけられた祖先の答えを腸占いで読み取ろうとする。生きている人間は可視の物質的存在だが、霊である祖先は不可視の非物質的存在なのである。その非物質的世界の反応を物理的に捉えて可視化したものが、祖先とのコミュニケーションのために生け贄《にえ》にされた動物（鶏や豚）の腸の模様なのである。その模様をメッセージとして読み解こうとするのが腸占いといえよう。腸という普段は身体の内部に隠れていて不可視だが物質的なものに、祖先の意志あるいはメッセージが宿っていて、生け贄の殺害に続く占いでメッセージが明るみに出される。腸占いは、経文《きょうもん》という物質的文字が精霊を顕現させるというバリ島の考え方に対応する。実際、スンバ島民はこの腸占いをバリ島やジャワの文字に匹敵すると考えている。[*46]

文字テクストがあり、それをもとに語りが生成するというより、まず語りがあってそれが再構成されテクストが成立し、さらにそれを語ることがテクストを揺り返すことになるというのが柳田や兵藤による文字と語りの相互作用の捉え方だが、その相互作用を成立させることになるはじまりの文字（原エクリチュール）がそもそもあったのである。[*47]

第七章

文字は皮膚に記憶されている

十九世紀ピレネーの読書と憑依

本章では、前章で十分論じられなかった、文字が憑依経験やシャーマニズムと結びつくという主題についてさらに考えてみたい。

書物史の研究家ダニエル・ファーブルは、「書物とその魔術——十九・二十世紀におけるピレネー地方の読者たち」という論考の中で、[*1] 一八五〇年から一九一四年の間にフランスのピレネー東部ラングドック地方で文書の普及が急激な高まりを見せたが、人々の文字に対する反応は両義的で、賛同だけでなく否定的評価もあったと述べている。第二帝政期（一八五二—七〇年）から小学校や図書館が地方にも設置され始めると、本や新聞など定期刊行物に人々が接する機会が増えるようになった。実際に本を読む人もいれば、誰かが読むのを聞いたり、単に目にするだけという者もいたが、程度の差はあれ、「誰もが書かれた言葉に近づき、その存在を感知し、確認するようになった」。

上流の家庭は皆、公証人、司祭、教師、証人といった書物と接する人たちと親交を結び、一家の中から読書に秀でた人間を生み出すことがあった。そのような家庭では、話し言葉が主流であった団欒《だんらん》やゲームの場「夜の集い」に読書が入りこんでくるようになる。ファーブルは一八八一年生まれのある役人の回想録を紹介しており、子ども時代の夜の集いで父親が、学校の図書館から借りてきたモーパッサン、スタンダール、モンテスキュー、ルソーらの作品を読む場面の記述が引用されている。集いでは父親はめったにゲームに加わらず、暖炉のそばやパン焼き釜の前で椅子に腰掛け本を読んでいた。

> これらの本を読みながら、父は頼まれたいろいろな手紙を正しく一息で書けるようになったのだ。女性たちは編み物をしたり、おしゃべりをしていた。ところで、毎日繰り返される夕べのひとときを楽しく過ごすには、新しい情報や小話、不思議な物語を知っていなくてはならない。子供だった私たちには、口をはさんで面白い話をするだけの知識がないし、会話のなかで言っていいことと悪いことの区別がつかないこともあったので、じっと聞く側にいた。

母も口数が少なく、道理にかなったことしか言わなかった。そのうえ、父も母も、下品な言葉や慎しみのない言葉を口にはしなかった。[*2]

この光景は模範的な印象を与えるだけでなく否定的な意味合いも含んでいるとファーブルは言う。読み書きが浸入する以前の農村の口承的な夜の集いとは、老若男女の別なく人が集まり、様々な話が無秩序に飛び交う場であったが、引用した夜の集いでは、本を読む父親が中心人物となって場を取り仕切っており、その場にいる大人たちは誰も羽目を外したことを言わない。読書がもたらす父親の威厳によって、口承文化の猥雑さはそこから排除されている。「書物と向かい合うことで読者とその身内は一瞬のうちに変化してしまう。行動、言葉遣い、会話の内容が変わり、その『下品さ』を取り除いてしまうのである」。しかも夜ごと繰り返されることにより、それは「儀礼としての規則性をもつにいたる」。そこにおいて重要なのは書物の内容ではなく、書物と対峙している姿勢を人前で見せるということである。

十九世紀末、読書は人前で行うものであった。そして黙読より音読がまだ一般的だった当時、別の地方では老人たちは、ぶつぶつと声に出しながら本を読んでいたのだが、その様子が「周囲の好奇心をそそり、尊敬の念を抱かせた。たくさんの書物を読む人は、身体は動かさないが、目と声を使って読み解くものに棲み着かれているがごとき存在なのである」。その結果、読書は

「見世物になり、読み手は、門外漢には理解できない台詞をしゃべる俳優となる」のだが、そこに読書と憑依とのつながりを見出すことができる。書物をぶつぶつと声に出して読んで不可解な言葉を発する読み手は、書物が取り憑《つ》き棲み着いたのであり、それにより世界から切り離され、演劇的＝儀礼的場面に身を置くことになるのである。

書物による憑依は、「魔法の書」という書物において、よりはっきりと認めることができる。「魔法の書」を読む者は、それを読みながら読むことそのものを学んでいく。「魔法の書」は読むための知識をたやすく読む者に授けるのだ。それまで学校にも通わず自分の名前も書けなかった村の男が、十三世紀の神学者アルベルトゥス・マグヌスの作と言われる魔法の書『小アルベルトゥス』を読むところを目撃されることになったほどだ。

しかしひとたびこの書を繙くと「読書の波に押し流され」、「読み始めたら最後まで読まなくてはならない。さもなければ頭がおかしくなる」と言われるほどである。「魔法の書に捕えられてしまったら、それに身をまかせた方がよい。文章の流れに逆らうと、その力に押し潰されてしまう。ただほとんどの場合、この読書は痙攣《けいれん》的な反応を引き起こす」、「読む者は、悪魔憑きとしか言いようのない力に捕えられる」のである。「それは精神を苦しめ、しまいには頭をくらくらさせると言われている」。「魔法の書」を読んでいたラングドック低地の女教師は頭が混乱し気が変になり、精神病院に入れられたが「白痴のように」なっていた。「読めば悪魔に憑かれてしまう。

人は呻《うめ》き、わめきたて、激しく身震いし、体をこわばらせる」のだ。

しかし悪魔とは書物そのもののことに他ならないとしたら、「魔法の書」が引き起こす経験は、書物を読むことが引き起こす経験と本質的な違いはなく、程度の差ではないかとファーブルは指摘する。

多少なりとも「非力」な人間はみな、書物によって破滅する可能性がある。精神病の原因を示す必要がある場合、患者が読書好きであれば、それで十分である。「驚くことはない。あいつはいつも本を読んでいたのだ」とか、「彼女は本を読みすぎていた。それでおかしくなったのだ」という具合に、精神病として認められ、治療される[*3]。

読書は、書物を読む者を危険にさらす健康への違反行為であり、被害を受けずにそれがもたらす試練を乗り切れるかは誰にもわからないのだ。

十九世紀末のピレネー地方では、読書によってもたらされる知識とはすなわち魔力に他ならなかった。しかしそれに接することは誰にでも可能だったわけではない。誰もが学校に通えたわけではない。人里離れた集落の住民が学校に行く機会は少なく、多くの家の娘たちにも学校の門戸は閉ざされていた。しかし中には、学校に通う男の子よりもすぐれた読書能力を示した女の子もいて、彼女は、さらなる読解方法を兄から教えてもらうようになっただけでなく、文字の書き方も教わるようになった。彼女は、読書能力をいわば「かすめ取るように獲得」したのであり、その能力ゆえに彼女に授けられた識字教育は、秘儀参入とも呼べるイニシエーション的なものだったといえよう。

写本時代、活版印刷時代を問わず、読むという行為は、口承文化に根づく憑依経験であることを大分水嶺論者は見落としている。しかもそれは、彼らがあまり省みない、書くという触覚に関わる行為と結びついている。そのつながりをさらに追っていくために、南米ペルーのピーロ人の間で最初に読むことのできた男、サンガマの事例を検討してみよう。

サンガマは読むことができたか？

ペルーの先住民ピーロでは、社会人類学者のピーター・ガウが調査した一九八〇年代の時点で識字率が高く、学校教育の設備があることがコミュニティ存続にとって中心的な要件であった。[*4] 彼らのあいだでも、母語と同時に国語のスペイン語も話せるバイリンガルであることが高い評価を得ていた。そこには歴史的な背景がある。

一八八〇年代に彼らの地にゴムを採取する白人たちがやってきて、ピーロを安い賃金で奴隷同然に酷使した。この体制はアシエンダ（*hachienda*）といい、ゴム産業が衰退する一九四〇年代まで続いた。その頃ＳＩＬ（Summer Institute of Linguistics[*5]：夏季言語講習会）によるスペイン語教育や彼らの母語の（アルファベットを使った）読み書き教育が行われるようになると、読み書き能力やスペイン語運用能力を身につけることで、アシエンダから解放され自由な労働者になれる可能性に彼らは気づく。そして彼らの多くは、読み書きとスペイン語学習に積極的になったのである。

ＳＩＬの教育のもとでピーロ語とスペイン語の両方の読み書き能力を身につけたのが、ズマエタ（Zumaeta）という男性だが、彼はピーロで最初に読むことができたと言われているサンガマ（Sangama）についての物語を書き残している。サンガマはズマエタのイトコである。彼はＳＩＬの指導なしで識字能力を身につけたが、彼の語りは、いわゆる文字とそれが意味するものについての体系的学習の物語とは大いに異なっている。サンガマ自身は次のように説明している。

> 私は紙を読む方法を知っている。それが私に話しかけてくるのだ。――彼女が私に話しかけてくる。紙には身体がある。私はいつも彼女を見る。私はいつもこの〔文字が書いてある〕紙を見る。彼女には赤い唇があり、それで語りかけてくるのだ。彼女は赤く彩色された口がある身体をしている。彼女には赤い口がある。

サンガマは文字と会話しており、紙が彼に話しかけてくるのだ。

サンガマの説明で驚かされるのは、彼が書かれた文字（writing）を音声言語の表象と考えていないことである。西洋の民間理論では、文字（特にアルファベット）は言葉の視覚的表現であり、書かれた文は音声会話を視覚化したものである。しかしサンガマの説明ではそうではない。彼はテクストを、話す人間、唇を赤く彩色した女性として体験しているのである。

これはとても奇妙なことだ。なぜサンガマの体験はこのようなのか。二つの理由が考えられるとガウは述べている。一つはピーロ芸術と視覚経験におけるグラフィックデザインの重要性である。そしてもう一つは、シャーマニズムのメタファーを通じて、サンガマが読書行為を解釈したことである。ガウの論文とは順序が異なるが後者から説明していこう。それはサンガマに特有のことである。

シャーマニスティックな体験

アマゾン川とその支流域の先住民同様、ピーロでも、病気の治療や邪術の行使においてシャーマンが重要な役割を果たしている。彼らはアヤワスカという幻覚剤（ドラッグ）[*6]を飲み、日常とは異なる視覚体験をすること（ヴィジョン）で、日常の目に見える世界において隠されている病気の原因や邪術をかけている者は誰かについての情報を得ることができる。

シャーマンは別のシャーマンについて修行し治療の歌を学ぶ。熟練したシャーマンは幅広い歌のレパートリーを持っていて、それらは病気の治療に効力があるといわれる。さらにはヴィジョンのさなかに精霊（守護霊）の本当の姿（女性であることが多い）を見ることができるといわれている。読書もサンガマにとってはこれと類似したシャーマニスティックな視覚の変容という体験であるといえないだろうか。

新聞紙など、サンガマが読めたという文字の書いてある紙は、単なる紙ではなく、口を赤く彩った女という、サンガマにとって別の視覚的アイデンティティを持っていた。サンガマは執拗に紙が身体を持つと繰り返している。アヤワスカなどの幻覚剤を服用して体験するヴィジョンで、「アヤワスカの母」や「トゥエ（＝別のドラッグ）の母」[*7]と呼ばれる精霊が、女の姿をして現れることにそれは対応する。精霊のおかげでシャーマンやドラッグの服用者は日常の生活では隠れていたものを見ることができる。「服用者が見たがっているもの全てを見せてくれるのである」[*8]。

それと同じように、新聞紙を見るとき、紙は文字という模様で覆われた表面から、生身の（身体を持つ）女に変容する。その女は、日常生活とは異なる知恵や知識をシャーマンに授けてくれる精霊としての女のように、ピーロの生活世界から遠く離れたペルーの都市部（新聞の発行所がある場所）やヨーロッパという異世界とそこに住む他者の活動についての情報をもたらしてくれるのである。

西洋の人間にとって文字は発話を符号化（encode）したものであり、符号の解読コードを知る者は誰でもメッセージを読むことができる。声を物質化したものが文字であるという西洋の考え方にサンガマも同意したであろう。しかしサンガマが聞いていた声は、文字とは「別の声」であり、声を発する紙は「文字」の外見とは異なる身体を持つ。紙はメッセージを担う生身の女として現れサンガマに話しかける。彼が聞いているのは女の声である。サンガマにとって読み方を知っている者とは、コード解読の術をマスターした者というより、印刷されたページが女に見える「眼」を持ち、女が言うことを聞き分けられる「耳」を持つ者なのである。読むこととは女の話すことを聴くことなのである。視覚の変容は聴覚の変容とも連動している。それは、アヤワスカを服用すると酒宴のガヤガヤした声や音が聞こえ、ついでシャーマンが歌う治療の歌の歌詞とメロディが聞こえてくるという経験に類似している。

外部世界をコントロールする

サンガマにとって読むことがシャーマニスティックな体験であるというのは、彼がイトコのズマエタに読み方を教えるときにとった行動からもわかる。ズマエタはサンガマから、文字がどの音声を表すのか、眼によってコードを解読する方法を学べるものと思っていた。しかしサンガマがしたのは、「これでお前も読めるようになるはずだ」と言って、ズマエタの丸めた掌の中と頭頂および背中に息を吐きかけることだったのだ。

シャーマンは、強い煙草とドラッグによって創り出される、呪力を持つ痰[9]を胃の中にためておき、それを喉まで絞り出し押し上げようとするときに生み出される息を、病人に吹きかけることで治療を行う。サンガマもそれと同じような息の吐き方をしたのである。ズマエタの説明では、サンガマの息を吐き出すときの擬音は、シャーマンの息の吐き方の擬音と同じであったという。痰を吐き出すときの息にはシャーマンの知恵が宿っているというが、サンガマの息にも、読むための知恵が宿っているということなのだろう[10]。

サンガマは果たして実際に読むことができたのだろうか。しかしサンガマの物語で重要なのはそのことではない。大切なのは、ピーロを服従させ強制労働させる白人の経営者という外部世界の住人に対抗するための、さらにはペルーという国家および都市部で不当に抑圧されないでいるための手段が、スペイン語も含めて読み書きできるということである。一方、日常生活では目に見えない世界の住人であり、ピーロに災いをもたらす悪霊という外部の存在に対抗するのがシャーマンなのである。文字を読むこともシャーマニズムも、ピーロに対して悪意を持つ外部世界をコントロールできる二つの知識形態であるという点で共通している。このことこそ、サンガマの物語から読み取らなければならないことである。

アヤワスカを服用するシャーマニズムも、ウルバンバ川流域の森と川の生活に真正なものと思われがちだが、この見解は再考すべきだとガウは述べている。キリスト教宣教師やゴム産業を取り仕切る白人がやってくる前のピーロのシャーマニズムには、森の動物の霊による憑依も含まれていた。シャーマンは治療に特化していたわけではなく、猟で仕留められるように森の動物をコントロールできることも、その技量に算えられていた。しかし白人が到来すると、ピーロを取り巻く世界は、白人（キリスト教徒、ついでゴム産業を牛耳るボス）、都市の先住民（キリスト教徒やスラムで賃金労働する「メスティゾ」と呼ばれる白人との混血）、先住民（キリスト教化されない森の住民）に分かれた。疫病の流行を前に宣教師がなすすべがなかったとき、治療と救済の試みとして、アヤワスカのシャーマニズムは発達した。さらにそれは、ゴム産業に絡め取られ、奴隷状態に置かれた人々のあいだで拡がりを見せた。アヤワスカのシャーマニズムは、白人と、メスティゾのすむ川の下流の都市部において拡がりを見せ始め、それが森林の住民にも影響したと考えるべきだというのがガウの仮説であるが、だとしたら、文字とシャーマニズムの共通性は、この地域の近代史にもその基盤を持つといえるだろう。*11

表面と手の緊張関係

文字とシャーマニズムのつながりという点で、サンガマの物語は『平家物語』や十九世紀フランス農村の読書経験と類似している。しかしそれらとサンガマの話が異なるのは、「平家」やフランスの場合と違い、文字は音声の物質的表記ではないという点である。文字とそれが記された紙が、土器や皮膚の上に描かれた模様と同じようなものとしてピーロでは捉えられている点に、それは関連している。

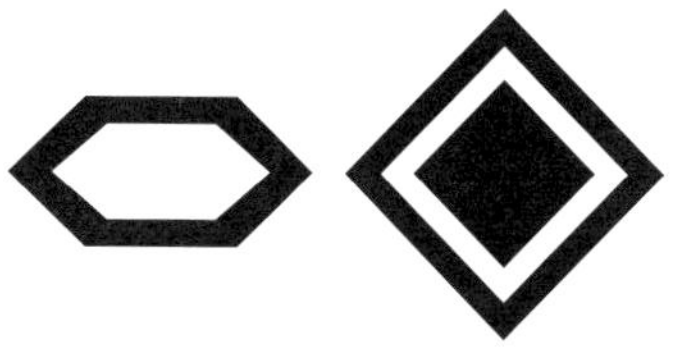

図7−1　ピーロの模様。左がジャガーの額を表し、右がボアコンストリクター（南米に生息する大型のヘビの一種）を表す

ピーロでは文字のことを*yona*というが、これはもともと、ピーロ芸術の中心となるような、彩色模様や、編んだり刻みつける模様をいう。つまり、ヨーロッパの文字が土着のデザイン（を表す言葉）に同化しているのである。ピーロの土着の模様には名称が与えられているが、土器や布製の腰巻きや袋、さらには人間の身体に施された模様は、象形的というより幾何学的であるため、例えばジャガーという模様がその名前の動物を意味しているようには見えない（図7−1）。しかしピーロにとって関心があるのは、動物の姿を忠実に再現することではなく、視覚の上で人間の身体を含めた物の表面をコントロールするこ

、となのである。ある模様がジャガーという名前を持つのは、コントロールする力がこの動物の持つ力に匹敵するということではないだろうか。

　土器を制作し模様を描くのは女たちの仕事である。彼女たちは制作に際して特定の模様の意味（なぜこの模様がアナコンダに似ていないのにアナコンダというのか）を問うより、物の表面に模様をうまく描くことを何よりも重要なことだと考えていた。肌理《きめ》の粗いでこぼこした複雑な表面に、ある模様を上手く施せることが、その幾何学的模様が美しいかどうかの決め手となる。そして模様の美しさだけでなく、模様でその表面が覆われることにより、物も美しくなる。

　模様に対立するのは「染み」である。それは人間の手が加わることによる美ではなく、腐敗であり醜いものである。つまり模様の美的な力は、レヴィ＝ストロースが述べているように、描かれた模様とそれが施される表面との間の絶えざる緊張の結果生み出されたものなのだ[*12]。この緊張は、何より触れるという触覚的な作業に伴うものであり、それが視覚的な変容をもたらす。

　記された文字がそのまま解読コードの規則に従ってメッセージの内容を立ち上がらせるのではなく、文字と、文字が記された紙の余白が模様をつくりだす。それが精霊の女の表情となり、女とその赤い唇を出現させる。メッセージを直接伝えるのはその女である[*13]。

　紙の表面に紙を制圧するかのように刻印された文字の形態や配列の模様という「見た目」（表層での戦いのドラマ）が、記号としての（意味するもの〔シニフィアン〕としての）文字より重要なのである。文字という記号が、それによって意味されるメッセージを上手く伝えられるなら、活字のフォント、行や段落の組み方、紙の手触りや質は関係ない（メッセージ伝達の本質的要素ではない）というのではなく、メッセージ伝達に不可欠な事柄なのである。活字のフォントや配列が染みの如く醜ければ、赤い唇をした女は姿を現さないのである。

　このように、ピーロにとって文字を書くことは、物の表面に模様を施すことの一変形であるが、文字が書かれる素材として重要なのが紙である。新聞や本の紙はピーロにとって、白人たちの力の源泉である。一九八〇年代後半にピーロでは、土器や布に伝統的な模様を描くことがなくなってきた。身体に模様を描き公にお披露目する機会である少女のイニシエーションも、調査者のガウが目撃できたのは一例のみだった（写真7－1）。しかしそれに代わり彼らが取り入れたのが、紙を伴う白人の模様つまり文字であり、彼らはピーロ語とスペイン語の読み書きを学校で学びだしたのである。今日ではそれ故に、学校があることが、ピーロの集落が共同体として存続するための不可欠な要件なのである。[*14]

写真7-1　顔と身体に模様を施した少女。同様に模様が描かれた器を持つ

　さて文字が模様すなわちデザインであるとは、

書く＝描くことにより、触覚という皮膚感覚に結びついているということだが、それは私たちを再び平家物語の世界に連れ戻す。ただし『平家物語』というテクストではなく、それにまつわる「怪談」すなわち小泉八雲（ラフカディオ・ハーン）の「耳なし芳一」の物語へである。

耳なし芳一のお経

琵琶の名手である盲目の芳一が夜ごと平家の亡霊に墓場まで連れて行かれ、平家物語を語らされるという「耳なし芳一」の話の中で特に印象に残るのは、亡霊を近づけないために和尚が芳一の身体にお経の文句を書き記して行くところ、そしてお経の書かれていない耳を亡霊が引きちぎって去る場面ではないだろうか。というのは、これらの場面を除くと、この物語はほとんど声のやりとりに終始しているからである。例えば次のように書かれている。

> 突然、遠慮会釈もなく、侍が下の者を呼びつけるように、深い声が盲人の名前を呼んだ。〔中略〕するとその声はふたたび、厳しい命令の口調で「芳一」と呼んだ。[*15]

他にもこれに類似したやりとりが、特に亡霊とのあいだで交わされる。だから余計に文字を記す、しかも皮膚の表面に記すという場面が際立つことになるのである。

ところでそのお経は、亡霊から芳一の身を守るという呪術的機能を果たすのだが、亡霊の側からみると、このお経の文字は決して読まれることがない。文字は亡霊にとって不可視なのである。これは次のように述べられている。

ついに荒々しい声が芳一のそばで呟《つぶや》いた。

「ここに琵琶がある。だが琵琶法師は——耳が二つ見えるきりだ。……なるほどこれでは返事が出来ぬのも道理だ。答えようにも答える口がないのだ。芳一に残されているのは耳二つきりだ[*16]」

つまり、耳を除けば、お経が書かれた芳一の身体を亡霊は見ることができないのであり、当然それは皮膚の表面に記された文字も見えないということなのである。

しかし、亡霊というメッセージの受信者によって読まれることがない、まさにそのことによって、お経の文字は、その役割を果たすことになる。受信者の視覚の変容を促す、あるいは視覚的に捉えることができないことこそが、この文字の存在理由なのである。

「耳なし芳一」の昔話版である「耳切れ団一」（福島県いわき市）では、団一を追いかける鬼婆は蛇になり、団一が隠れた寺の釣り鐘を落として団一を食べようとするが、「体じゅうの南無阿弥陀仏のために食うことができない」[*17]。徳島の昔話でも「官女が来て連れていこうとするが、呪《まじない》がしてあるので連れていけず、呪のしてない耳だけを持っていく」[*18]。つまり口頭伝承である昔話では、文字の呪術的機能が指摘され、団一の体が不可視になるという視覚の変容は強調されていない。新潟県の昔話では、お経の書かれた体が地蔵に姿を変え「片方の耳に字が書いてないので耳だけ食い切っていく」とあり、視覚の変容が言及されているが[*19]、団一の身体が不可視になるわけではないので、耳が二つ浮かんでいるという視覚の変容の異様さの程度は薄められている[*20]。

この視覚の変容をもたらすのが、そして視覚の変容後そこに残っているのが、皮膚の表面に記し描かれたという触覚的な痕跡である。そしてこの痕跡こそが文字の考察でしばしば見落とされていたものである。

「文字」という語の由来

柳田國男の耳の文芸・眼の文学のように、文字は声との対比で、眼と視覚に結びつけられる。しかし、それは、まず書き記す紙なり石に触れて、記したりときには刻みこんだりするという、触覚に何よりも結びつくものなのだ。漢字の研究で大きな足跡を残した白川静によれば、「文字」

の「文」のもともとの意味は文身《ぶんしん》であった。

文身とは何らかの儀礼的な目的をもって加えられる身体装飾をいう。その方法には、朱や黒などで一時的に文様を描き加える絵身《かいしん》、皮膚を鋭い針で刺して破り、そこから墨などを皮下に注入する黥涅《げいでつ》（入れ墨）、皮膚に切り傷などを加えてその傷跡を文様化する瘢痕《はんこん》がある。文のもともとの字体を考えると、屍体を聖化する絵身の方法がとられていたようだが、そのとき死者の世界への加入と霊の復活を願う儀礼として行われたのは、心という形の文身を死者の胸部に加えることだった[*21]。

一方、「字」のもともとの意味は「あざな」で、家廟《かびょう》に子の出生を報告する儀礼で、幼名（あざな）をつけ、子の養育（字養）のことを定める[*22]。こちらは人の誕生と家への加入の儀礼で、しかも養育という子の身体に触れて行う営みを指す。

文と字がセットになる「文字」は、それ故もともとは誕生から死後まで人の身体に触れるという皮膚感覚に結びつくものであったことがわかる。芳一の身体に書き記されたお経は、このような、まず記されるものであり触れるものとしてある文字の特質を、いささか極端な形で表したものに他ならないといえよう。そしてときにそれは指や手の記憶として現代の日本人に残り続けることを示したのが、東京大学の総長を務めた仏文学者で映画批評家である蓮實重彦による『反＝日本語論』の、「仕掛けのない手品」である[*23]。

不可視の黒板

夫人でフランス語を母語とするシャンタル蓮實氏が国立の女子大学でフランス語を教えていたとき、彼女は授業で、あるゲームを学生に課した。学生を二列に分けて並んでもらい、両方の列の端の二人に一つの文章を示す。声を立てずに読んだそのフランス語の文章を、二人はそれぞれの列の次の人の耳元でささやく。それを次から次へと伝えていって、最後の人が改めて紙に書き写し、原文と比較して、歪曲や捏造《ねつぞう》、記憶違いや誤解が紛れ込んでいないかを確認して勝敗を競うという、さして珍しくはないゲームである。

このとき、蓮實夫人はあることに心奪われる。次の人へ伝えようとするとき記憶が曖昧になったり自信をなくしたりすると、多くの学生が目をつむって右手の人差し指を膝の上で動かしたり、宙に模様を描くように右手を震わせたりする。そして、その指の動きによって何かを確信しえたといった具合に、急に晴れやかな表情になって、停滞していた言葉の伝達を不意に活発にするのである。「あれは、いったい何なのか」。秘密の指話法のような記号体系を皆が共有しているのではないかと彼女は思ったほどだった。

しかし日本語を母語とする夫には、そこに仕掛けなど何もないことが歴然としている。学生たちは、指先の動きで伝えるべき文章の単語の綴りをなぞり、それを発音と結びつけていた。複雑な計算を暗算でやらなければならないときにするのと同じように、うっかり忘れてしまった漢字を思い出そうとするときも、見えてはいない文字の形態をなぞりながら、視覚的記憶を筆先におびき寄せようとする。「どうしても憶えていなければならない文章の音声のつらなりを、文字の綴りを宙に描く指の動きによって活性化させていたのに違いない」

しかしフランス語話者の妻には、この説明も理解困難なものであった。「単語の綴りをなぞりながら、それを発音と結びつけていたんですって。それが、一種の記憶術だなんて、とても信じることはできない」。やや曖昧なフランス語の単語の綴りを思いだそうとすることはあるが、視覚的記憶にうったえて人差し指を動かしたことなどただの一度もない。ここでtが二つ続くのか、などと頭の中で思い出そうと努力するだけだ。「あなたは、フランス語の綴りをおぼえるときも、そんな魔術めいたやりかたをなさったの」。

これに対して、フランス語話者の妻から複雑な綴りの単語のスペルを尋ねられたときのことを思い返しながら、日本人である夫は、見えていない文字を記憶の中でたどりながらフランス語の綴りをゆっくり読み上げることは可能であったと思い起こす。

それは、不可視の文字として、どこかに刻みこまれているのだ。夫にとって、外国語の単語とは、この痕跡を視覚化することによって獲得されてゆく。〔中略〕われわれは、筆の動きをともなった一連の図型のようなものとして、単語の綴りをどこかしらに視覚的に刻みつけている。そしてその魔術的な記憶術を、漢字の習得の過程で身につけているのではないか。[*24]

蓮實の考察は、誰もが国語のノートに繰り返し漢字や仮名を書いて覚えるという経験をしている日本人には首肯できるものである。このあとエッセイは、言語が文字や表記法にいささかも従属することのない「音声」的な現象であり、「声」こそが言語的思考の真の対象であるという「音声中心主義」の批判へと展開していく。そのため聴覚的側面に対する視覚的側面という二項対立が論点であるように見えるが、問題なのが、視覚を呼び起こすのが手や指を動かしたという身体記憶であることに間違いはない。というのは、蓮實による『フランス語の余白に』（朝日出版社）という教科書の序言には、「視覚的、あるいは聴覚的にフランス語へと接近するのではなく、もっぱら手を動かして、つまり書くことによってそれに同化すべく」作られたこの教科書のいくつもの例文を、「ただ盲滅法に書き写し、ついには原典を見ずに全文がすらすら書き綴れるようになってほしい」と書かれていたからである。[*25]

手の記憶

この経験が貝原益軒《かいばらえきけん》にまで遡ることができるのを、比較教育史の観点から実証的に説明したのは添田晴雄である。[26] 添田は、日本の初等・中等の学校教育が、書字随伴型学習（文字を書きながら学ぶ学習）と書字随伴型授業（文字を書きながら展開する授業）を中心に成り立っており、それを支えるのが、教室の前面いっぱいに設置された黒板で頻繁に書き替えられる板書であることを明らかにしている。それは、確かに黒板に文字が書かれはするが黒板は主に掲示板的な役割を果たすのみであり、授業は口頭で行われるという欧米の授業スタイルとは大きく異なっている。

生徒に文字を読ませるだけでなく、書かせることを重視した学習指導法のスタイルは、江戸時代の手習い所（寺子屋）で既に見られたものであり、それを説いたのが貝原益軒である。彼は宝永七（一七一〇）年に八十一歳で著述した『和俗童子訓《わぞくどうじくん》』巻之三において次のように述べている。

> 六七歳より和字《かな》をよませ、書《かき》ならはしむべし。はじめて和字ををしゆるに、「あいうゑを」五十韻を、平がなに書て、たて・よこによませ、書ならはしむ。又、世間往来〔=往復書簡を集めて手習いの手本としたもの〕の、かなの文の手本をならはしむべし。[27]

「手」ならいというように、文字をまず書くことが学びの始まりなのである。その文字の視覚的形はまず手に記憶されている。でこぼした机、あるいは反対につるつるの下敷きの表面に置かれた紙の上に字を書くという、記される表面と筆や鉛筆のような道具を使う手の間の緊張関係、それらは音声中心主義的な言語観や口頭伝承の社会の考察では、しばしば見落とされてきたものなのである。

第八章

「砂の本」を追いかけて

第六章で声を生み出す文字について考えてみたが、文字あるいは書物が「声」化することについて、ここでは考えてみたい。最終的にそれはきわめて今日的な問題につながるからである。

ボルヘスの「砂の本」

アルゼンチンの作家ボルヘスは、一九七八年六月に、ブエノスアイレスのベルグラーノ大学で行われた連続講演の中で書物について語っている。古代人は現代人のように書物を崇拝していなかったと言い、「書かれた言葉は残り、口から出た言葉は飛び去る」という格言をボルヘスは次のように解釈する。書かれた言葉は永く残るがそれは所詮死物でしかないと。[*1]

では書かれた言葉に生を与えるにはどうするか。彼の掌編小説「砂の本」はその試みであるように思える[*2]。

語り手の「私」のアパートに、本を訪問販売する怪しげな男がやって来る。その男は聖書以外にも、ある「神聖な本」を私に見せてくれる。その本は、あるページに４０５１４という数字、次のページには９９９という数字があるような奇妙なものだった。裏面にはまずいペン書きの錨の絵が描かれていた。見知らぬ男が「それをよくごらんなさい。もう二度と見られませんよ」と言うので、「私」は、その場所をよく心にとめ本を閉じすぐさま本をまた開いた。錨の絵は見当たらなかった。男は言う。「この本は『砂の本』というのです。砂と同じくその本にも、はじめもなければ終りもない、というわけです」。

「私」は次に手を表紙の上にのせ、親指を目次につけるように差し挟んで、ぱっと開いたが、何度やっても表紙と指の間には何ページもの紙がはさまってしまった。「まるで、本からページがどんどん湧き出てくるようだ」。最後のページを見つけようとしてもやはりだめだった。「この本のページは、まさしく無限です。どのページも最初ではなく、また、最後でもない」と男は言った。「私」はこの本に魅せられ、男の言い値のままに買うが、やがてこの本が怪物だと気づき、図書館の地下の湿った棚に置き、去ってしまう――。

二度と同じページを開けず、始まりもなければ終わりもない本。それは口頭で伝承される神話や昔話を連想させる。音声で語り伝えられてきたそれらには、正典も異伝もない。語られるたびに少しずつ変形する。例えば柳田國男は『桃太郎の誕生』の中で、桃太郎は桃から生まれるとは限らず、子を望む女のすねから、あるいは川を流れてきた木の中から生まれたと語る昔話もあると、日本各地の事例を紹介している。さらに爺のところにやってくるのが男の子ではなく、太郎という名の犬である場合、それは容易に花咲爺さんの話につながっていく（連絡という語を柳田は使っている）[*3]。口頭伝承は変幻自在に形態・内容を変えていくが、南北新大陸の神話を分析したレヴィ＝ストロースは、その姿を変えていく様を教会のステンドグラスのバラ窓の模様に喩え、変幻自在にも論理的規則があることを明らかにしようとした[*4]。「砂の本」とは、そのようなバラ窓を内包した本を目指したものといえるだろう。またいみじくもレヴィ＝ストロースは『神話論理Ｉ　生のものと火を通したもの』で、本書には「始まりがない」し「終わりもない」と述べている。

しかし書物という物質である『神話論理Ｉ　生のものと火を通したもの』には、はじまりのページと終わりのページがある[*5]。では、経験的・物理的な現実では「砂の本」はありえないのだろうか。そうとも言い切れない。その一例がバリ島のロンタール文書である。

ヤシの本・ロンタール

インドネシアのバリ島およびロンボック島には、ロンタールと呼ばれる貝多羅葉《ばいたらよう》（ヤシの葉写本、短縮して貝葉）の古文書がある。ロンタールはパルミラヤシ（*Borassus flabellifer*）に鉄製などの尖筆で線刻し、そこに墨をすり込んで筆写して作成する文書である。一枚が五×三十センチメートル位に切りそろえられたものを麻糸で括っている。貝葉は、高温多湿の環境や虫による蚕食で劣化しやすく、司祭などの知識人・学者たちが転写し写本を作ってきた[*6]（写真8－1、8－2、8－3）。

ロンタールの内容は、宗教の教義、歴史（寺院、慣習村〔国家が定めた行政村とは異なり、社会生活上の取り決めを共有することで成り立つ地域集団〕、聖人、王族など特定の一族に関わる歴史を扱ったもの）、芸術（舞踏や音楽）、儀礼、建築、民話など多岐にわたり、主に古ジャワ語や古バリ語で記されている。日常で使われる言語ではないことと内容が難解なため、ロンタールの「読書」は、師弟関係による学習と研鑽《けんさん》が求められ、社会の上層に属する司祭や、平民ではあるがバリアン（呪いや目に見えない世界に起因する病・災いに浄化儀礼や超自然的力によって対処する者）によって学ばれてきた[*7]。

ロンタールは活字印刷された本とは異なる。二冊の写本は決して同じではない[*8]。一つの本の写

写真8-1　葉を乾燥させる

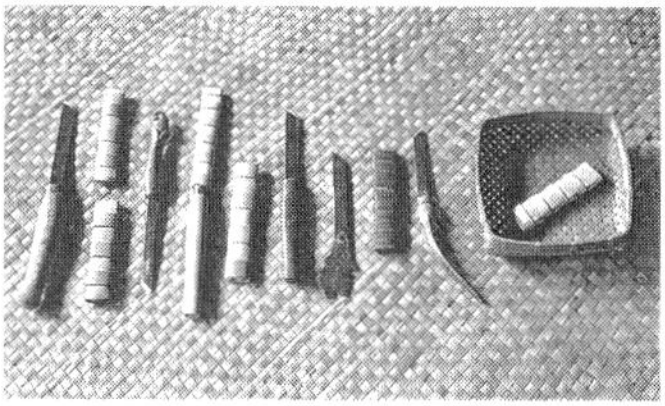

写真8-2　葉を切り、彫りつける道具

写真8-3　完成したロンタール「Bhimaswarga」(上)と「Nawaruci」(下)

しを作るときにともなう人間の介入は広範囲に及ぶ。文書にするためのヤシの葉の大きさ、線刻する文字の様式と大きさ、文字の綴り方と区切り方、葉ごとのテクストの分量、奥書《おくがき》や序文など、すべてが変化しうる。繙くたびに一冊の本の内容が変わるというわけではないが、ロンタールのどの新しい冊子も筆耕（線刻を施す人）からすれば新しい「版」である。筆耕はその知識や経験の命ずるまま、テクストに変更や言い換えを加えたり、削除を施すことがある。彼らは、あるロンタールの写本を複数点検し、それらを引用・借用しながら新しい写本を作る。綴りや語のまとまり、段落や章立てに至るあらゆるレベルでテクストの内容は、この借用に左右される。

バリのロンタールは、その抜粋が作られたり、ときに短縮され、ときに拡大されたりと、多かれ少なかれ自由に変更が加えられる。多くの場合写本はある一つのテクストの完全な複製ではなく、ある人物の知識や関心の集大成であったり、その概説であったりする。一つの写本に複数の文書の知識や教えがつなぎ合わされていることもある。

活字印刷の本との違いは、題名と内容の関係の違いとしても現れる。印刷本には題名があり、本の内容の全部あるいは一部を暗示したり含意するものになっている。一方ロンタールの場合、テクストの最初の一語か最初の一文がしばしば本の題名になる。「これ」を表す語が題名になるテクストもある。「これは演説についての説明である」というように。従って同じ題名を持つ異なる内容の写本が数多く存在することになる。これはバリ島民には特に大きな問題ではない。教え（作品）とは、木のようなものである。根幹から多くの枝葉が生み出されていく。その結果としての葉の繁りにバリの人々は満足を覚え、結果（結論）だけを（題名で）強調する必要を感じない。テクスト全文のはじまりという時間的先行性を優先尊重するという姿勢がそこにはある。最初の言葉からテクストがどう展開していくかが重視されているのだ。

かくして同じ題名の本は決して同じ内容とは限らず、宗教の教義を扱った「同じ」写本でも、記述の分量に隔たりがあり、教義の解釈が異なってくる。写本が書かれるたびに異なる本が出現するのである。

しかしマクルーハンの見解に従うなら、それは当然ということになるだろう。写本文化は口承文化と接し共通性を有するのであるから。事実ロンタールは、儀礼的場面において、集団で声に出して読み上げられている。[*9]

では写本である貝葉ではなく、活字印刷の書物ではどうだろうか。「本からページがどんどん湧き出てくる」ごとき本が十九世紀末から二十世紀前半に存在した。ジェームズ・フレイザーの『金枝篇』である。

「黄金の枝」の本

ジェームズ・ジョージ・フレイザー（一八五四―一九四一）は、スコットランドのグラスゴーに生まれた。一八七四年にグラスゴー大学を卒業すると、ケンブリッジ大学でギリシア古典の研究を専攻し、一八七九年にトリニティ・カレッジの学僚（フェロー＝特別研究員）となる。そこで古典学・人類学の研究者ロバートソン＝スミスと出会ったことやその前に人類学者エドワード・タイラーの『原始文化』を読んだことがきっかけで、社会人類学や民俗学的テーマに関心を持つようになった。当時『エンサイクロペディア・ブリタニカ』の編集に携わっていたロバートソン＝スミスの求めに応じて「トーテム」と「タブー」の項目を執筆するようになるが、[*10] そこにとどまることなく研究を続け、代表作となる『金枝篇』を刊行するに至った。[*11]

一八八七年にフレイザーは世界各地のキリスト教宣教師や植民地行政官に、「未開民族」の習俗・信仰に関する質問票を送り、その回答を踏まえながら『金枝篇』を執筆した。イタリア中部の古代都市アリキアのネミの森には、女神ディアーナの聖所がある。森の祭司職は、そこにある黄金の枝を折り前任者と格闘して殴り殺した者によって継承されるという。この古代ローマの金枝伝説の意味を解明することが『金枝篇』の出発点であった。

『金枝篇』の初版は一八九〇年に二巻本として刊行される。[*12] しかし新たな事例が加筆されながら、一九〇〇年の第二版刊行時には三巻本に、一九一一年から一九一五年にかけての第三版は七部構成で全十二巻にまで膨れ上がる。一九三六年には補遺一巻が出版され、第三版『金枝篇』は全十三巻となった。そこでは、金枝伝説の解明のために、呪術の原理、タブー、王権の起源と発展、神なる王の殺害、樹木崇拝、農耕儀礼など多岐にわたるテーマが言及された。一九二二年には一般読者に広く読まれることを願って、フレイザー自身によって簡約本が出版される。この簡約本の翻訳が岩波文庫の『金枝篇』（永橋卓介訳）だが、それでも全五冊の分量である。

『金枝篇』は、版を改めるたびに世界各地からの事例が増殖するが、内容や構成は変わることがなかったとはいえない。

二十世紀の高名なイギリスの社会人類学者メアリー・ダグラスは、『図説　金枝篇』の序文で、『金枝篇』は珍奇な事例を一貫性もなく寄せ集めただけで、版を重ねるごとにそもそものテーマをつなぐ細い糸が版の重さに耐えきれず切れそうになっていたという批判が的外れだと述べている。むしろフレイザーほど一貫したテーマ（すなわち殺される神というテーマ）をとことん追究した学者はいなかったというのである。[*13]

確かに、版が変わっても基本的な章の展開は一貫しているともいえる。しかしひとたび本を繙くと直ちに、増殖した事例が夥《おびただ》しく繁茂するこの「ネミの森」の中で道に迷い、自分は今どこにいて何を読んでいるのだろうと途方に暮れる読者はいないだろうか。「〇〇では△△、□□では

▽▽」という記述が続くのに飽きてしまう読者はいないだろうか。日本の人類学者長島信弘によると、この叙述のスタイルは「出羽守（ではのかみ）」と呼ばれていた。[*14]

途方に暮れなくとも、退屈しなくても、読む人によって『金枝篇』は全く異なる書物として現れる。そのことを明らかにしたのが、ダグラスと親交のあったオックスフォード大学の社会人類学者ゴドフリー・リーンハート（第四章参照）である。

一九九二年のフレイザー記念講演でリーンハートは、聖職者が『金枝篇』は聖書の正統性に確信を与えてくれ「フレイザーは深い真実を明らかにした」と述べる傍らで、チャールズ・ダーウィンのいとこで優生学の研究者だったフランシス・ゴルトンは、反聖書の観点から『金枝篇』を賞賛していたと語っている。さらにリーンハートはフレイザーに寄せられた読者からの手紙を発掘した結果を踏まえて、『金枝篇』がどのような読み方をも可能にする本であったことを明らかにしている。[*15]

興味深いのは、一九〇一年にJ・バロットなる人物が寄せた手紙である。一九〇一年であるから彼は初版か第二版を読んだと思われるが、バロット氏は、憂鬱な日常生活の交わりから『金枝篇』が自分を解き放ってくれるおかげで自分の生活は不幸ではなくなったと述べている。「議会や市政、社会生活との憂鬱な交わりよりも、未開人と火についての新たな事実や火の精霊の宿る火打ち石についての発見が自分をかき立ててくれる」という氏の手紙は、T・S・エリオット、エズラ・パウンド、D・H・ローレンス、W・B・イェーツら文学者が『金枝篇』に求めていたものと類似していることにリーンハートは注意を喚起している。現代文明に倦《う》み疲れ疎外感を覚えている文学者にとって『金枝篇』は、別の世界への憧れを充《み》たすことで、現代文明から解放してくれるいわば「魔法の書」だったのであり、それはバロット氏も同様だったのだろう。

しかしこれは奇妙なことではある。文学者たちは、合理性を強調する現代文明の精神的貧困を批判するために『金枝篇』に言及していた。しかし第二版以降付け加わった「呪術と宗教」の章においてフレイザーは、人間精神が呪術から宗教へそして科学へと「進化」し、非合理性が合理性に取って代わられることが人間精神の究極的発展形態だと述べているからである。フレイザーは科学を否定していたのではないし、科学としての人類学の発展を願ってもいたのだ。しかしその一方で、フレイザーの著作が、芸術による非合理性回復のために称揚されることになったのである。

つまりダグラスの言うように、一貫した糸[*16]を『金枝篇』に見出そうとして誰もがそれを読み解いたのではなく、自らの都合のよいものをそこに見つけ出そうとして繙き、それが得られる本が『金枝篇』だったのであり、読者が異なれば、そのたびに違う世界が出現する「砂の本」が『金枝篇』だったのである。

『金枝篇』は、世界各地の文化の事例が、様々な文化の文脈や固有性を無視して並置され、引例のいわばコラージュ集ともなっており、この技法が二十世紀の文学者、例えばエリオットの『荒地』における「編集的方法」に影響を与えたのだと、英文学者の富士川義之は述べている[*17]。

しかし、コラージュの編集と引例の合成法という作業をしていたのがフレイザーだったにせよ、それを支え、時には引用の増殖に影響を与えていたのは、彼と書簡などによってやりとりを続けていた、世界各地にいる宣教師や植民地行政官などのアマチュアの民族誌学者だった。中でもオーストラリアのアボリジニーを調査していたボールドウィン・スペンサーは『金枝篇』を敬愛し、一八九七年の書簡をきっかけに積極的に情報をフレイザーに提供していた。アボリジニーに見られるトーテム動物（人間集団のシンボルとなり、崇拝の対象となる動物）の殺傷のタブーについてのスペンサーの見解は、フレイザーのトーテミズム解釈に修正を求めるものとなり、新たに『トーテミズムと外婚制』を書かせることになる[*18]。またスペンサーが、彼の友人であるフランシス・ギレンを共同調査者として民族誌を作成しようとした際には、フレイザーは積極的に出版を助成した[*19]。彼らの『中央オーストラリアにおける北部先住民』（*Northern Tribes of Central Australia*）は、『金枝篇』の第三版で頻繁に言及されている。フレイザーが出版社に口利きした人物では、他にウガンダで調査したジョン・ロスコー司祭がいる。

また一八九八年のケンブリッジ大学によるトーレス海峡の人類学的調査チームに参加して、病理学から民族学者に転じたC・G・セリグマンは、自身が調査した南スーダンのシルック王国の王殺しの事例が、『金枝篇』の主題に関連するものであると連絡してきた。[*20] その成果はやはり第三版に取り入れられている。それが神聖なる王の弑逆《しいぎゃく》の現存する事例、しかも最初の信頼できる事例だったからである。シルックの王殺しと、やはりセリグマンが調査したその隣接民族であるディンカの雨司（rainmaker）[*21] を生きたまま埋葬する事例は、簡約本でも七ページにわたって紹介されている。[*22] 同じページあるいは見開きのページに「○○では△△、□□では▽▽」が続かない、これはきわめて異例な紹介である。このセリグマンとのやりとり以降、フレイザーの主な関心はオーストラリアからアフリカに移り、現地調査の共同研究者も、スペンサーから、長らく連絡を取り続けてきた、ウガンダ調査のジョン・ロスコーへと変わっていったほどだった。[*23]

つまり、フレイザーの質問状に回答してきた現地調査者は、単なる情報提供者にとどまるとは限らなかった。スペンサーとギレン、セリグマンの仕事（文字）は、『金枝篇』の構成と事例の配分を逸脱するくらいに長く頻繁に紹介されている。それほど彼らは、『金枝篇』の増殖に「口出し」して（声を響かせて）いたのである。それは、ロンタール文書の写本制作に、筆耕が自らの学識をもとに書き込み（口出し）することで、もともとの文書を「砂の本」化したのに似ている。

だとしたら、現実の「砂の本」は、フレイザーやロンタール文書の筆耕らが用いたコラージュの編集という手法（ロンタールの筆耕も複数の貝葉を点検し引用借用をするだけでなく、自らのコメントも並置していた）によって、ひとりでにページが湧き出るだけではない。もともとのテクストに複数の者たちが、（口出しとも声を響かせることともいえる）文字を投入する＝書き込みをすることによっても、「砂の本」が成り立つといえはしないだろうか。

そしてコラージュ的編集と、それへの口出しがさらにスピードアップし、ヴァーチャルな空間においてではあるが、「砂の本」として出現する——それが近年のSNS空間の投稿とコメントではないだろうか。

変幻自在のSNS

今更言うまでもないが、SNS（Social Networking Service）には、Facebook、Twitter（現X）、Instagram、LINE、YouTube、TikTokなどがあり、多くの人々が利用しスマホの画面をのぞき込んで時を過ごしている。それらがなぜ「砂の本」なのか。

Instagram（以下インスタ）には、ストーリーズという機能がある。そこでは写真や動画を投稿できるが、一定の期間が過ぎると自動的に削除される。投稿したコンテンツが保存されずに消されてしまうが、多くの人たちがストーリーズを愛用し、中にはストーリーズでしか投稿しないという人もいる。[*24]

例えばあるサイトを開くたびに次々と新しい動画や写真がアップされていて、決して同じままではない。半年前の動画にはもうたどりつけずお目にかかれないこともある。またアップされる写真や動画とそこに添えられる文字のあいだに明確な「一本の糸」のごとき首尾一貫した思想の表明があるわけではなく、「インスタ映《ば》え」を狙ったコンテンツが、消される前のわずかな期間、コラージュ的に連なっている。これはまさに「砂の本」ではないか。LINEでは、メッセージを送ることをトーク（talk＝話す）という。これも文字を口頭的なものに近づけていることの例といえよう。[*25]

また、現在はXと改名したTwitter（鳥がさえずるという音声を表す単語が使用されている）では、誰もが気軽に投稿しコンテンツを読むことができるが、あるユーザーの投稿に対して批判が巻き起こり、「炎上」するということがしばしば生じ、投稿したユーザーがその内容を削除する事態に至ることが多々ある。同じプラットホームでやりとりし、自らのさえずり＝つぶやきを引き出してくれる他者が、自らのつぶやきを封じ込めさえし、つぶやきのコンテンツは時々刻々変わっていく。

私のように日頃あまりSNSを使わない人間ではなく、日々活用している若い世代は、ではどう思っているのか。ある大学の学部生たちにSNSは「砂の本」だと思うかと訊ねたところ、レポートを提出した三十一名中二十二名が「砂の本」と化していると回答した。その内容は以下のようなものである。

　ネットでは文章や記事を書き換えたり、削除したり新たなページを追加することが容易であり、それが繰り返されてどんどん新しいものになっていく。SNSは頻繁に更新されており、開くたびに新しい情報が目に入る。更新の頻度が高いほど情報も多くなり、かつて目にした情報は新たな情報の波に飲み込まれてしまい、もとの情報があったページにたどり着くのにも苦労する。また、以前は見られたページが見られなくなっていることもよくある。

　ある学生は、一つの投稿を見終えたら次にスクロールし、また見終えたら次の投稿を見るということを繰り返していると、終わりがなく底が無いように感じたという。さらに、同じ投稿を二度見ることはほとんどないとも報告してきた。

　またそもそもネット空間は「砂の本」であることが求められると答えた学生もいた。何度アクセスしても情報が更新されないサイトに意味はなく、そのようなサイトには誰もアクセスしなくなる。ネット空間では、同じページ（情報）を開くことではなく、以前とは異なる新しいページ（情報）を開くことにこそ意味があるというわけだ。

　しかし残り八名（一名は未回答）は、「砂の本」化していない、あるいはどちらともいえないと書いてきた。ネット上で公開された書き込みや個人情報などが一度拡散してしまうと完全には削除できなくなる状況をデジタルタトゥーというが、この言葉に言及して、ある情報が決して消えてなくならず、探し出すことは可能であるから、必ずしも「砂の本」化していないと複数の学生が答えていた。

　またそもそも基本的にはネット空間では一度開いたページを何度も見返すことができるようになっている。たとえ誰かがあるページを削除しようとも、そこにそのページが存在した事実は消えないし、削除されたページにたどり着いて「そのページは存在しません」などのメッセージを見つけることがあるが、それはもともとあったページが消えてしまったというだけでなく、確かにもとはそこに存在したという事実も教えてくれるのだと答えた学生もいた。

　底なしのように無限に変化するが、あるページが存在するあるいは存在したという事実は変わらないという両義性。しかしよく考えると「砂の本」とはそもそも両義的ではなかったか。閉じて置いてあるとき、それは外側の装幀が同じままの一冊の本だが、ひとたび開くと無限にページが湧き出してくるからである。それによって書物を「死物」化させず、古代人の軽蔑から解放しようとボルヘスは試みたのである。

　しかしデジタルタトゥーという言葉のネガティヴな響きは、文字に対する古代の哲学者の軽蔑を連想させる[*26]。文字が死んだものというより、むしろ軽佻浮薄《けいちょうふはく》にあちこちに行くことを批判したのは、既に述べたように、ソクラテスである。

言葉というものは、ひとたび書きものにされると、どんな言葉でも、それを理解する人々のところであろうと、ぜんぜん不適当な人々のところであろうとおかまいなしに、転々とめぐり歩く。そして、ぜひ話しかけなければならない人々にだけ話しかけ、そうでない人々には黙っているということができない。*27

正しいこと、美しいこと、善いことについて知識をもっている人〔中略〕その人は、そういった知識の内容を「むなしく水の中に書きこむ」――黒い水をつけて書くというようなことを、まじめな目的のためにはしないだろう。〔中略〕そういう人が、文字という園に種をまいて、ものを書くのは――もし書くとした場合のはなしだが――、慰みのためにこそそうするのだろうと思われる。*28

そしてソクラテスの対話者であるパイドロスが、ソクラテスの話を聞いて、書かれた言葉は「ものを知っている人が語る、生命をもち、魂をもった言葉」の「影であると言ってしかるべきなのでしょうが」と尋ねると、「まさしくそのとおりだ」とソクラテスは答えるのである。*29

現在問題になっているのはネットでの誹謗や中傷であるが、それらはまさにソクラテスが語っているような書かれた言葉であるのは論を俟《ま》たないだろう。ロンタールに書き込むバリの司祭や、民族誌的データを次々に書き加える知識人フレイザーの場合と異なり、現代の「砂の本」であるネット空間の文字は、「ものを知っている人が語る、生命をもち、魂をもった言葉」の「影」であり、「まじめな目的」のためではなく、自らの指導学生を公然と詰《なじ》る大学教員のXのように、他人を誹謗中傷して憂さを晴らすという「慰みのため」に書かれている場合が非常に多いし、そうでないときでも熟慮の上で書かれているとは言えない文字が氾濫しているからである。

> やがて世の中は、詮索する目、ぶつかりあう肘、ののりしあう口で込み合ってきた。人口は二倍、三倍、四倍に増えた。映画や、ラジオ、雑誌、本は、練り粉で作ったプディングみたいな大味なレベルにまで落ちた。〔中略〕本は短くなる。圧縮される。ダイジェスト、タブロイド。いっさいがっさいがギャグやあっというオチに縮められてしまう。[*30]

本を所有していたらファイアーマン（消防士ではなく昇火士）に燃やされてしまい、人々が深く考えることのなくなった近未来を描いたレイ・ブラッドベリの古典的ＳＦ『華氏４５１度』（タイトルは紙が発火する温度をいう）の中で、現状に懐疑的になった昇火士モンターグに隊長のベイティーが語った言葉である。これはまさに「砂の本」化したネット空間のことではないだろうか。

ただし、ＳＮＳで文字は声化しているが、聴覚は中心的役割を担っておらず、視覚だけが特権化されているのは活字印刷文化と変わらない。それ故、電磁時代の到来を声の復権と考えたマクルーハンの見立ては、今日の事態を彼が想像していたとはいえないにせよ、外れたことになりはしないだろうか。

終章

打ち言葉と手書きの擁護

打ち言葉の出現

電子メールやSNSなどのテクストのやりとりは、文字によるものという点で「書き言葉」に入るが、互いのやりとりが比較的短い時間で行われ，一回のやりとりで交わされる情報量も少ない媒体（LINEやXなど）においては、くだけた「話し言葉」に近いものも多く用いられている。

二〇一八（平成三十）年に出版された、文化庁文化審議会国語分科会の『分かり合うための言語コミュニケーション（報告）』は、「こうした、話し言葉の要素を多く含む新しい書き言葉」を、「打ち言葉」と呼んでいる。[*1] 情報機器における文字入力は、書き言葉としての従来の日本語表記とは異なるものを多く含んでいる。

対面でのコミュニケーションでは、相手の表情とか声の調子という言語外メッセージをお互いに読み解きながら会話を進めていくが、書き言葉によるコミュニケーションにはこれらの情報が欠落している。それを補うため、打ち言葉では顔文字や絵文字が発達してきた（口承性に対する書承性の劣位を挽回する試みといえよう）。またローマ字入力の変換ミスがそのままネット俗語として定着していったものもある。おｋ（ＯＫのこと）や、うｐ（up、アップロードのこと）などである。[*2] ＳＮＳでは、誤字脱字や文法上のミスを指摘する人は、「文法指摘マン」だと嫌がられる傾向にある。[*3]

LINEなどによる親しい相手とのやりとりでは、短い表現による迅速な返信が求められる。「了解」を「り」に短縮し、一つのメッセージを複数の句に分け（「明日の宿題教えて」を「明日の」「宿題」「教えて」のように）、異なるtalkに「分かち書き」することで相手が見やすいようにレイアウトすることもできる。[*4]

私が非常勤講師で授業をした大学の学生の多くがLINEをするようになるのは、高校生（あるいは中学生）になってスマホを所有してからだが、最初はこの「り」が意味不明だったという。また、「(笑い)」を表すwwwの模様が草を連想させることから、「(笑い)」やwwwに代えて「草」を送るようになる。これらは一度覚えると何度も使ってしまうようになるという。

Xのように字数制限がある場合も含めて、打ち言葉は短く、その場ですぐ返信するのが普通である場合、ＳＮＳの書き込みは緻密な論理による見解の表明ではなく、ある話題に対する感情表現になりがちである。そのため正しい書き言葉に基づく文章作成能力の低下につながるだけでなく、ある言語で今まで培われてきた書き言葉の質を弱体化させるおそれがあるとして問題視する見解は、洋の東西を問わず根強く存在する。[*5] とりわけＳＮＳ上での誹謗中傷的な書き込みが短い打ち言葉によるものであればなおさらである。

しかし、打ち言葉と書き言葉（パソコンで文字を入力していても文章の調子が書き言葉と変わらない場合、これらは書き言葉に相当するとみなす）の正書法を混同する学生は少ないし、創造的な打ち言葉の使用に積極的な学生はスペルテストでも得点数が高いという、擁護派の見解もある。友人同士のLINEでの言語表現をそのまま指導教員へのメールに使う学生は少ない。彼らはどのような場でフォーマルな書き方をすべきかを理解しており、正しいメールやレポートの書き方（というより打ち方）の作法を学びたがっていることが、学生たちからのレポートでわかった。またアルバイト先のグループLINEに同年配のバイト学生だけでなく、職場の上司も参加しているとき、目上の人間に友人同士で使う打ち言葉を使用することに気まずさを覚える学生もいる。

直筆の手紙

打ち言葉に埋没する生活を送る学生の中には、手書きの手紙あるいはメッセージカードをやりとりすることを非常に重視している者もいる。

女子学生Aは、大学に入学して一人暮らしになったとき、中学時代の友人と文通を始めた。手紙の内容は「最近嬉しかったこと」「気づいたこと」「自分と相手の環境がどう違うかなど、知りたいこと」「共有したい便利な情報」など、LINEでも連絡できることである。より早く連絡できるという点ではLINEが便利である。彼女の相手は、手紙を受け取った嬉しさをいち早く伝えたくてわざわざLINEで知らせてきたほどだ。

しかし手書きの言葉には、LINEの打ち言葉にないものがある。書き手の筆跡、使う筆記具、消した跡など、書き手が意識していない情報を受け手が読みとることも可能になる。消した痕跡からは、書き手の心の動きも読み取れるように思えるほどだ。言い換えれば、フォント化された打ち言葉やありきたりの絵文字やスタンプにはない書き手の個性が、文字と手紙には現れるのである。

彼女は便箋の裏に絵を描き添えることもしているのだが、「手元にある可愛い包装紙の絵」や「見てほしいアーティストの似顔絵」など、便箋に書いた内容とは関係がない絵を追伸のような感覚で描いている。書きたいことが沢山あって、枚数が五、六枚になってしまった時にふと裏面が寂しいことに気がついて、何か描いて白紙の部分を埋めようとしたのが始まりだそうだ。それはスタンプの絵文字にはない、彼女の個性や手間暇かけた痕跡が残ったものである。そのような手書きの手紙をやりとりすること、それは、交換する両者が、互いにかけがえのない特別な関係にあることを表している。そのためこの女子学生は自分の気に入った便箋を用意し、「文豪のように」万年筆で手紙を書いて、LINEで同じ内容を送った場合とは異なる印象や「特別感」を出そうとしている。

手紙を受け取ったときは、返事を書くための便箋と封筒をあらかじめ用意しておいてから、手紙を読み、読み終わると同時に返事を書き出す。書き直す手間がLINEなどより大きいため、書く内容をあらかじめ定めておき、「頭の中で既に校閲してから」一気に書き始める。訂正の手間を考慮するため、LINEに比べて書くときの注意度が増し、そのために文章表現も打ち言葉とは異なるものになっているという。

別の女子学生Bは、中学生のときスマホを入手して最初の誕生日に、友人からプレゼントと共に手書きの手紙を受け取った。それはXでお祝いメッセージをもらうより遥かに彼女を喜ばせたという。打ち言葉はメッセージを受け取ったら瞬時に、きれいな字と書き直しがわからないような文章を相手に送ることができる。しかしこの女子学生にとって、手書きの文字は、どんなものよりもそのときの相手の心情を表す不思議な力がある。これ以降、彼女は、お祝いや伝言を残すときは手書きをするように心がけているという。高校卒業時に文通を約束した友人とは今でも手紙のやりとりをし、旅行に行ったときは絵葉書にその日の感想と近況を書いて送る。相手も同様にしている。「その手書きのメッセージは毎日のLINEよりも感情が伝わることは間違いないと、その手紙を読むたびに感じる」のだそうだ。

建築を学んでいる彼女はCG画像より、著名な建築家のスケッチに魅力を感じている。図面の癖や消し切れていない書き損じは、「何年経っても色褪せない、建築に対するその建築家の活力」を感じさせるからである。そのため彼女自身も手書きにこだわり、設計図を描く課題では、パソコンのソフトウエアではなく鉛筆を使っている。太い線や細い線、点線などを使い分けて、建具や窓、壁を描き分けているという。

表現力や文章の細かで緻密な展開に欠ける打ち言葉の時代でも、それのみに頼らず、相手への思いや配慮を込め長めの文章を推敲できる若い世代はいるのである。手書きの手紙やメッセージカードは、（貨幣を払えば誰でも同じものを簡単に購入でき、生産者や販売者の人格の痕跡をとどめることのない）商品ではなく、（顔の思い浮かぶ個性を持った相手との代替の効かないやりとりである）贈与の品なのである。[*6] パソコン万能のこの時代に手書きで図面を引くというのも、自らの個性やアイデンティティの痕跡を、他ならぬ手書きをすることによって残そうという試みなのである。

打ち言葉が生活の大半を占めるようになっても、覚えておきたいことは手書きで紙に書き残すようにしているという女子学生Cもいる。手を動かして文字にする方が記憶に定着しやすいと感じるので、手書きを心がけているという。彼女も誕生日のメッセージカードや手紙は必ず手書きにしている。「手書きの文字は贈り主の感情やアイデンティティがこもっているように感じるため自分の気持ちを直接伝えたいときには手書きするようにしている」。

インゴルドの手書きの擁護

Cは手紙だけでなく、授業中、デザイン学科の学生としてデザインワークするとき、手書きでメモをとるようにしている。授業や作業中に気づいたことをメモしたいときは、自由な書き方で空いたスペースにどんどん書き加えたいので、手書きの方がメモを取りやすいという。手書きメモは、後にパソコンで整理しながら形式をそろえてまとめておくというように、手書きとパソコン入力を効率よく使い分けている。

空いたスペースに自由に手書きの言葉を書いていくことで「アイディアを羽ばたかせ」ようとしたり、手を動かして文字にする方が記憶に定着しやすいと感じるから手書きを心がけたりするという姿勢、それらはイギリスの人類学者ティム・インゴルドの「手書きの擁護」に通じるものがある。[*7]

もともとはダーラム大学人類学科のウェブサイト「越境する文字」（*Writing Across Boundaries*）に寄稿したこの文章は、近年のイギリスの大学生の基本的な読解力・文章力の低下に対する嘆きと憂いから書き上げたものだそうだ。[*8]

インゴルドは、ケロッグ社製シリアルのパッケージを切り開いて、カードにして束ねてとっておいている（大きさは二十九×二十三センチメートルというからほぼ箱そのままの大きさである）。[*9] カードの束は厚く、硬いパッケージの紙は下支えも必要ない上に、厚紙の裏にはたっぷり書けるスペースがあるので、とっさに思いついた考えをつなぎとめておくのに最適なものである。思考はコンピューターの画面を見つめるときだけに働くというものではなく、思いがけないときに、いわんとすることの本質が啓示のような形で凝結することがある。だからいつもそれを書きとめる用意をしておく必要がある。前日に悪戦苦闘しても上手くまとめられなかった文章の一段落が、頭の中で完璧な形をなして、朝目覚めることがある。そんなときベッドで思い浮かんだ文章を、枕元に用意したケロッグの大きいカードに自由に書きとめる。手書きの文字を記したこれらのカードはきちんと保存しておき、さらに先に思考を進めることができるようになる。

ケロッグの箱を切り開くという手間をかける代わりにタブレットを枕元に置いておくのでは駄

目なのか。この問いに対しては、ケロッグはコンピューターを打ち負かすというのがインゴルドの答えである。なぜなら、文字がまとまって形づくられる単語は、アルファベットの連続した線として紙の上で展開していくからであり、もともと言葉は手と紙のふれあうところから流れ出てくるものだったからである。英単語を紙に手で書きとることを想像すればわかるように、筆記体の文字を紙の上に正しいスペルで綴ったという感覚を手は記憶しているが、コンピューターはこの流れを断ち切る。

指がキーボードのキーをたたくことと、パソコンのディスプレイに現れるしるし（文字記号）とのあいだに、身体感覚という点で何らつながりはない。[*10] ディスプレイに現れるしるしは、手の動きや感覚の痕跡を少しもとどめてはいない。手書きの文字と異なり、それらは表情に乏しく冷たい。パソコンでタイプすることは、喜びが伴わず魂を滅ぼすようなもので、文字から心を剝ぎ取っているのだとインゴルドは嘆くのである。

インゴルドのように筆記体で読みやすい文字を書くことができる人の場合でも、欧米の育児文化の中でアルファベットの大文字のブロックを子どもの頃に与えられて文字を覚えて育つのが普通であるという。[*11] だとしたら、キーごとに異なるアルファベットの大文字を不連続的に打っていくのは、文字の覚え始めにおいて、アルファベットのブロックを触った経験をもとに一つ一つの文字を一つ一つくぎって書いていくことと似通っており、さらにはかつてのタイプライターで一

しかし筆記体を覚えたり、手動のタイプライターを使った世代の人にとって、タイプラターのキーのたたきかた次第で印字される文字の濃淡が変化して、たたくことと紙の上のしるしとのあいだに身体的関係が残るというのは、パソコンのキーボードを打つこととは大きく異なる経験なのだろう。

手書きの効用とは？

インゴルドのこの考えは、アルファベット文化圏である欧米よりも、書き順にこだわり漢字や仮名を繰り返し練習帳に書いて覚える習慣を身につけた日本の人々には納得しやすいものかもしれない。日本語ワープロソフトを使う場合、多くの人はローマ字入力して変換を行う。頭の中では「練習帳」という漢字三文字の単語が思い浮かんでいるにしても、それを一度ひらがなに置き換え、さらにローマ字に変換する作業を経て、r-e-n-s-h-u-u-c-h-o-u というキーを不連続的に打ちこみ、さらに変換キーを押して正しい漢字の候補を見つけるという作業を行う。手書きする場合には存在しない、漢字―ひらがな―ローマ字という脳の中での過剰な変換と、対応するキーを打つことによって、はじめて「練習帳」という漢字三文字からなる言葉がディスプレイ上に現れる。手と紙がふれあって線の連続が生み出され文字になるという動きは、アルファベットの場合よりもさらにはっきりと断ち切られることになるのである。

かつて、学生が研究のために文献を調べる、その内容の一部を筆写しながら論文の構想を練るというのは、沈思黙考を要求する手間のかかる作業であり、当該学生の全人格を巻き込むようなプロセスであった。しかし検索エンジンの活用やコピー&ペースト機能の利用などにより、コンピューターはこの複雑なプロセスを一気に短縮した。それは思考それ自体をも短縮することでしかないとインゴルドは批判する。*12 彼は所属するアバディーン大学の学生に周囲の世界の観察記録を手で書きとめることを求め、同じ作業をコンピューターを使用した場合と比較させてみた。アバディーンの学生たちは、手書きが抑圧された感受性を目覚めさせ、自ら観察対象に関わっているという感覚をより強く引き起こし、それが深い思索につながったと感想を伝えてきたという。*13

私がこれまで紹介してきた大学とは違う大学の女子学生Dは、保育園の年長時代から祖父のパソコンを使ってアルファベット入力してきたので、ワープロを打つことは全く苦でなく、「難しい文章表現や、格好のよい文章」を書くときはワープロを使用している方が多かった。しかし全く手書きをしないわけではない。例えば何千字も書かなくてはならないレポートがあるときは、思いついたことや読んだ参考文献の重要な箇所を、必ずノートに手書きで書きとめたり書き写したりしている。自分の考えが全くまとまらないとき、何を論じるか全く頭の中にないとき、「ノートの白い空間がとても魅力的に思える」のだという。紙のノートの白は、その上で手を滑らせるよう誘惑しているかのようだ。これはディスプレイの空白の画面に向かうときには全く沸きあがらない感覚である。こうした自身の経験を踏まえ、手で書くということには考えることも含まれているのではないかと彼女は述べている。手書きするときには、文章に加えて線や図を描き添えることもあるという。それによって、頭の中にあるバラバラな事柄がつながって、新たな考えや答えを見つけ出すのに役立っているように思えるからだ。

インゴルドは、タイプするときはミスタッチにより頻繁にスペルを間違えるのに対して、筆記体で文字を書くとき、綴りの間違いはほとんどしないという。文字と文字を続けて書く筆記体を繰り返し練習したことによって、手や指が単語を記憶したからといえよう。これも、繰り返し漢字や仮名を書いて覚えた日本人にとって、得心がいくものである。手を動かして文字にする方が記憶に定着しやすいと感じているので手書きを心がけ、覚えておきたいことは手書きで紙に書きのこすようにしていると言った女子学生Cの発言にあるとおりだ。

手書きすることにより、自ら関わるという強い感覚が引き起こされるというのは、先ほどの建築専攻の女子学生Bの手書きで図面を引くことへのこだわりにも見られることである。

このように日本の女子学生たちは、ケロッグの箱を切り開くことはしていないけれど、手書きの効用に気づき、インゴルドのような「手書きの擁護」を実践している。さらにおそらくはインゴルド自身も想定していなかった実践を彼女たちは行っている。手書きの手紙の交換である。

手書きの文字を書くことが全人格を巻き込むような実践であることはインゴルドも承知している。しかしそこで想定されているのは、文字を書くことで世界と交感して思索を深める個人であり、手書きを媒介とした個々人同士の関わりではない。しかし女子学生たちは手紙によって、かけがえのない存在との、関係の維持と強化を実践しているのである。相手の手書きの手紙や絵葉書は私のもとにあり、私の手書きの手紙や絵葉書は相手のところにある。それぞれの人格の一部が相手によって所有されている。手書きの文字を介して、それぞれの人格を交換するような形で、相手と自分が切っても切り離せないような関係になる。それは、インゴルドが別の著書で言及する画家マティスの代表作《ダンス》（図9-1）の輪が、「巻き込んだり巻き込まれたりする渦巻き」のような関係であることに等しい[*14]。手紙の交換と保存が、人と人、人と物とはまとまった個体として分離する「以前」から線分でからみあっているという、自らが発展させた別のテーマ（メッシュワーク）につながるものであることをインゴルドは見逃しているのである。

私の追加質問に、女子学生Aは受け取った手紙を到着順に箱の中に入れて保存していると答えた。何の変哲もない菓子箱ではあるが、そこには「時間の地層」が形成されていると彼女は言

図9-1　アンリ・マティス《ダンス》1910年

う。複数の友人からの手紙が同じ箱に収められており、しかも相手によって使う便箋の色が異なるので、この「時間の地層」にはいろいろな柄や色がひしめき合うことになる。複数の他者を巻き込んだこの時間の地層は、彼女のかけがえのない時を形成している。時間の地層であるが故に、手紙の積み重なりは、レヴィ＝ストロースが「純粋歴史性」と呼んだもの（ある出来事が起きたその瞬間[*15]）に直接触れることを可能にする。手紙の束に触れることで、その相手とやりとりした時間を今ここに呼び起こし出現させることができる、あるいは今ここを飛び越え、その瞬間へ戻ることが可能になるのである[*16]。手書きの文字の純粋歴史性もインゴルドが見落としていることの一つである。

短い打ち言葉のやりとりが無責任で攻撃的な感情表現につながるだけでなく、書き言葉としての日本語を壊しつつあると嘆くことはたやすい。しかし打ち言葉を駆使しつつも手書きの実践を忘れていない若い世代がいる。彼女たちの（パソコンのキーボードを叩いてはいたがけっして打ち言葉になっていない）文章は思慮深く理性的である。「日本語の乱れ」を嘆く前に彼女たちの実践をもっと丹念に掘り起こすべきではないのか。打ち言葉が日本語の書き言葉の伝統を壊していたとしても、それは大学生のような若い世代ではなく、世論をリードする発言をする年長の世代（例えば即座には理解できない見出し記事を書く新聞記者[*17]）によってであることを自覚すべきであろう。

おわりに

声と文字について考えるとき、思い出す場面がある。

一九八五年と八六年に六カ月ほど、アフリカのザンビア南部に住む高地トンガの人々のもとで文化人類学的な調査をしていた。その地域の政治的リーダーでもある小学校の先生がホストになって下さった。ある晩、近くの村の長をしている老人が先生を訪問したとき、暖をとる火の周りで、子どもたちを相手に、トリックスターである野ウサギが主人公の民話を語り出した。当時は、電気もガスも水道も、その地域にはなかった。

語り手は「ムンガーニンガ」と言って話し始め、聞き手は「ガランガティ」と合いの手を入れながら話を聞く。子どもたちも「ガランガティ」を繰り返していたが、いつのまにか相槌を入れるのを忘れ、夢中で話に聞き入っていた。老人が「ヤマナ」と締めくくりの言葉を言って話を終えると、子どもたちは夢から覚めたような顔をしていた。

小学校では一年生のときから英語を、二年生になってからアルファベットで表記された国語（トンガ語）を学ぶ。だから子どもたちも文字を学んでいるのだが、ここにはまだ口頭伝承の文化が生きているとそのとき感じた。

ホストの先生宅は、小学校に隣接する教員宿舎の一つだったが、そばにゴミ捨て場があり、そこには学習ノートが棄てられていた。同じアフリカでも、グディが報告している、文字や本の呪術＝宗教的力を認めて算数の練習帳を占いに使う、ガーナのロダガアとはずいぶん異なる。[*1] ロダガアのようなノートの取り扱い方を期待していたわけではなかったが、使い終わったノートでも復習用に取っておいて読み返しなさいと言われた自分の幼い頃との違いに少し驚いたことは確かだ。それ以外にも、食べ物を包むのにも、時にはトイレットペーパー代わりにも、古いノートは使われていた。リテラシー獲得のために重要なノートもぞんざいに扱われている。文字は、私の育った世界におけるほど重視されていないようにも見えた。

電気がないと先ほど述べたが、先生は乾電池式の南アフリカ製のラジカセを持っていてニュースをよく聞いていた。あるとき、台所にあったそのラジオから、少年が民話を語る声が聞こえてきた。どうやら民話語りのコンテストをしているようだった。読み書き能力を土台にして築き上げられた科学の成果の一つであるラジオ番組で、口承文芸が語られ、電波に乗って拡がっていく。この番組を聞いて野ウサギの話のレパートリーを増やし、星明かりの下、火の周りで民話を語り聞かせる者も出てくるのだろう。だとすると、マクルーハンのいう電気による声の復権がザンビアでも定着していたのかもしれない。

次に思い出すのは、二〇〇〇年四月のスコットランドである。二カ月ほどのオックスフォード大学滞在中に、その三年前にお会いした「手書きの擁護」の著者のティム・インゴルド教授をアバディーンに訪ねた。彼のお宅に泊めていただき、彼とフィンランド人の奥さんと話していたときである。文字を手書きすることと読むことが話題に出たので、日本では背中に字を書いて、なんと書いたのか当てる遊びがあることを話した。イギリスでもフィンランドでもそのような遊びはなく、面白がった夫妻は早速奥さんがご主人の背中に字を書いて遊び始めた。ティムは「John のように、簡単に当てられるのは駄目だよ」と言っていた。

夫人がなんと書いたのかはもう覚えていない。ただ、本文でも紹介した蓮實重彦が「不可視の黒板」で述べているように、文字が触覚という身体感覚に深く関わるというのは、国語のノートに繰り返し漢字や仮名を書いて覚える日本人にはなじみのある体験だが、欧米人にはそれほどではないのかと思ったものだ。

文字の文化が声の文化を駆逐しないというザンビアの体験と、文字が身体感覚と深く関わることを再発見したスコットランドでの体験が、本書の呼び水になっていたのかもしれない。しかしより直接的には、この二つの体験の間に、本文中でも言及したスヴェンブルーの著書を読んだことが、文字と声について考えてみたいという大きなきっかけとなった。

本書は今回新たに書き下ろしたものだが、島根大学と岡山県立大学の講義ノートをもとにしている。とりわけ岡山県立大学の学生の皆さんにはSNSや手書きの経験について貴重な意見を聞かせていただいた。深く感謝したい。

人類学におけるリテラシー研究の意義を、大学院修士課程一年の私に最初に教えてくださったのは、大学院の先輩だった故大塚和夫氏（東京都立大学前教授）である。書承性について一書まとめるのに四十年以上かかったわが身の腑甲斐なさを恥じるとともに、大塚さんの生前の学恩に心から感謝したい。

本書の作成にあたっては、NHK出版の倉園哲氏にひとかたならぬお世話になった。前著『ほんとうの構造主義』同様、氏の入念なチェックとアドバイスがなければ、本書は完成しなかっただろう。厚く御礼申し上げる。

最後に私事にわたるが、本書を、老いの生活にうるおいを与えてくれている、（人類学でいう冗談関係に当る）孫の祐翔《ゆうと》とのどかに捧げたい。

二〇二四年二月　松江にて

出口　顯

註

序

＊1 https://www.unicef.or.jp/kodomo/sdgs/17goals/4-education/

第一章

＊1 Goody, J. 1991 Towards a Room with a View: A Personal Account of Contributions to Local Knowledge, Theory, and Research in Fieldwork and Comparative Studies, *Annual Review of Anthropology* 20, pp1-23.

＊2 いずれもケンブリッジ大学出版局（Cambridge University Press）刊行。

＊3 Goody, Towards a Room with a View, p18.

＊4 ジャック・グディ 一九八六『未開と文明』吉田禎吾訳、岩波現代選書、二二一頁。

＊5 同書六九頁。

＊6 同書一四四頁。

＊7 前川和也 二〇〇一「初期メソポタミアの手紙と行政命令文」前川和也編著『コミュニケーションの社会史』ミネルヴァ書房。ピョートル・ビエンコウスキ＋アラン・ミラード 二〇〇四『図説 古代オリエント事典』池田裕・山田重郎監訳、東洋書林、「経済」の項目も参照。

＊8 グディ『未開と文明』八二―八三頁。

＊9 同書二七一頁。

＊10 同書一三八―一三九頁。

＊11 同書二五四頁、強調は引用者。

＊12 さらに、買い物リストで購入した品を使って料理を作るとき参考にするレシピも、リテラシーの無視できない特徴のひとつである。

＊13 グディ『未開と文明』一五一頁。

＊14 同書一五〇―一五一頁。

＊15　同書一五三頁。ビエンコウスキ＋ミラード『古代オリエント事典』の「行政」の項目も参照。

＊16　グディ『未開と文明』三〇頁。

＊17　同書二八九頁。

＊18　長島信弘　一九七七「遠似値への接近――右と左の象徴的分類に関するニーダムの所論をめぐって」『一橋論叢』第七十七巻第三号、三一七頁。Needham, R. 1967 Right and Left in Nyoro Symbolic Classification, *Africa*, 37, p447.

＊19　Beattie, J. H. M. 1960 On the Nyoro Concept of *Mahano*, *African Studies*, 19(3), pp145-150.

＊20　Beattie, J. H. M. 1968 Aspects of Nyoro Symbolism, *Africa* 38(4), p438.

＊21　グディ『未開と文明』一一八―一二八頁。

＊22　Hawkins, S. 2002 *Writing and Colonialism in Northern Ghana*, University of Toronto Press.

＊23　Goody, J. 1967 *The Social Organisation of the LoWiili* (second edition), Oxford University Press, p5, Figure2.

＊24　Ibid., ix.

＊25　Hawkins, *Writing and Colonialism in Northern Ghana*, p43, Figure1.

＊26　首長はさらに人々に税や貢納の取り立てや労働を課したりと、植民地側の意向を代理する役目を果たしていたのである。

＊27　Goody, J. 1962 *Death, Property and the Ancestors*, Stanford University Press, p5. Goody, J. 1969 *Comparative Studies in Kinship*, Stanford University Press, p122, Map6.

＊28　井戸田博史　二〇〇六「名前をめぐる政策と法――明治前期を中心として」上野和男・森謙二編『名前と社会――名づけの家族史』新装版、早稲田大学出版部。

＊29　Hawkins, *Writing and Colonialism in Northern Ghana*, p34.

＊30　Ibid., Chapter7, 8.

＊31　Ibid., p229.

＊32　Ibid., pp232-235.

＊33　Ibid., p235.

＊34　Ibid., p236.

＊35　Ibid., p241, p286.

＊36　Ibid., p261.

＊37　Ibid., p264.

＊38　男が「妻」の料理場を壊したり寝具を投げ捨てることで彼女を拒絶して「妻」を追い出し、子どもの法的父の立場を放棄することがロダガアでは認められていたが、植民地裁判所では生物学的父が法的父と判決するようになったのである（Goody, *The Social Organisation of the LoWiili*, p55）。

＊39　Hawkins, *Writing and Colonialism in Northern Ghana*, p299.

＊40　とはいえ、ホーキンズによれば、「紙上の世界」の外ではあまり影響力を持たなかったようであり、女性は変わらず好きな男を選んでいたようではあるのだが。

第二章

＊1　マーシャル・マクルーハン　一九八六　『グーテンベルクの銀河系——活字人間の形成』森常治訳、みすず書房。ヨハネス・グーテンベルクは十六世紀に活版印刷技術を発明した人といわれている。

＊2　以下、『グーテンベルクの銀河系』から引用する場合は、本文中に括弧書きで引用ページ数のみを記すことにする。

＊3　チェイターーばかりでなく、ウォルターー・オング、ハロルド・イニス、エリック・ハヴロック、フェーブルとマルタンらの著作も彼に刺激を与えた。イニスとハヴロックの研究は、グディとワットにも影響を与えた（Goody, J. 1968 Introduction, in *Literacy in Traditional Societies*, p1）。

＊4　マクルーハンの研究はここで終わるわけではない。『グーテンベルクの銀河系』や『メディア論』が書

かれた一九六〇年代当時既に電気・電子・電磁時代(かりにメディア文化と呼んでおく)に突入しており、ラジオ・映画・テレビ、さらにはコンピューターにより、視覚だけではなく聴覚や触覚が再び優位になってきているとマクルーハンは捉え、メディア文化の解明を目指すのであるが(『メディア論』他)、それだけでなく人間がいわば活字印刷文化とメディア文化の境界期にいると考えており、『グーテンベルクの銀河系』では、この端境期を理解するために、活字文化が台頭する時期に向き合う写本文化の人々(例えばフランシス・ベーコン)にも目を向けるのである(二七八—二九四頁)。しかしここでは、グディの議論との比較という観点から活字印刷文化についての考察に焦点を絞って論じることにする。

＊5　中澤豊　二〇一九『哲学者マクルーハン——知の抗争史としてのメディア論』講談社選書メチエ、二九頁。

＊6　私には『グーテンベルクの銀河系』を理解できたとはとてもいえない。しかしマクルーハンを読むことの魅力とは、博覧強記の彼が引用する膨大な著作が、マクルーハンの意図とは関係なく、面白く読めてつい引き込まれる点にあることは述べておきたい。

＊7　出口顯　二〇二二「イメージと規律=訓練——ティム・インゴルド批判」木俣元一・佐々木重洋・水野千依編『聖性の物質性——人類学と美術史の交わるところ』三元社、一六七—一六八頁。

＊8　柳沼重剛　一九九五「音読と黙読」『西洋古典こぼれ話』岩波書店。

＊9　リュシアン・フェーヴル+アンリ=ジャン・マルタン　一九九八『書物の出現』下、関根素子・長谷川輝夫・宮下志朗・月村辰雄訳、ちくま学芸文庫、一八八—一九一頁。

＊10　柳沼「音読と黙読」八六—八七頁。

＊11　合庭惇　二〇〇九『ハイデガーとマクルーハン——技術とメディアへの問い』せりか書房、二二頁。

＊12　以上の記述は、久保田静香　二〇一四「ラムス主義レトリックとデカルト——近世フランスにおける自由学芸改革の一側面」『エクフラシス——ヨーロッパ文化研究』第四号、六〇—七七頁による。

＊13　フェーヴル＋マルタン『書物の出現』下、第八章。

＊14　同書三一〇頁。

＊15　同書第八章第四節。逆に言えば、活字文化以前には、正しい文法という観念はなかったのである。

＊16　同書三三一頁。

＊17　ベネディクト・アンダーソン　二〇〇七『定本想像の共同体――ナショナリズムの起源と流行』白石隆・白石さや訳、書籍工房早山、特に第二章「文化的根源」と第三章「国民意識の起源」。第二章の註58にはマクルーハンへの言及がある（七二―七三頁）。また新倉貴仁　二〇一六「『メディア論』再考――マクルーハンにおける産業社会とナショナリズムをめぐって」『コミュニケーション紀要』第二十七号も参照。

＊18　このような世界としてアフリカの無文字社会を描いたのが、コンラッド『闇の奥』（黒原敏行訳、光文社古典新訳文庫、二〇〇九）であろう（マクルーハン『グーテンベルクの銀河系』八六頁も参照）。

＊19　合庭『ハイデガーとマクルーハン』三四頁。

＊20　W・J・オング　一九九一『声の文化と文字の文化』桜井直文・林正寛・糟谷啓介訳、藤原書店。

＊21　もっとも彼のラメの研究がマクルーハンに刺激を与えているのだから、影響関係は一方向的ではない。

＊22　この段落のまとめと引用はオング『声の文化と文字の文化』三二―三五頁から。

＊23　以下の記述はオング『声の文化と文字の文化』第六章、特に二八九―二九八頁による。

＊24　オング『声の文化と文字の文化』一四四頁。

第三章

＊1　Finnegan, R. 1973 Literacy versus Non-literacy: The Great Divide? Some Comments on the Significance of 'Literature' in Non-literate Culture, in Finnegan, R. and Horton, R. (eds.) *Modes of Thought*, Faber and Faber. Finnegan, R. 2006 Not by Words Alone: Reclothing the "Oral," in Olson, D. R. and Cole, M. (eds.) *Technology,*

Literacy, and the Evolution of Society: Implications of the Work of Jack Goody, Psychology Press. 大黒俊二 二〇一〇『声と文字』(ヨーロッパの中世6）岩波書店、一〇五頁。

＊2 W・J・オング 一九九一『声の文化と文字の文化』桜井直文・林正寛・糟谷啓介訳、藤原書店、八三―一〇七頁。

＊3 ストリートは大分水嶺説批判の嚆矢であるフィネガンの影響を受けている（Street, B. V. 1984 *Literacy in Theory and Practice*, Cambridge University Press)。

＊4 Gough, K. 1968 Implications of Literacy in Traditional China and India, in Goody, J. (ed.) *Literacy in Traditional Societies*, Cambridge University Press, p80.

＊5 Street, B. V. 1995 A Critical Look at Walter Ong and the 'Great Divide,' in *Social Literacies: Critical Approaches to Literacy in Development, Ethnography and Education*, Routledge, p157.

＊6 クロード・レヴィ＝ストロース 二〇一九「人種と歴史」渡辺公三・三保元・福田素子訳、『人種と歴史／人種と文化』みすず書房、五六頁。

＊7 グディは、iichiko文化賞受賞のための来日講演で、アルファベットとともに知的精神活動が出現するという大分水嶺論が西洋中心主義的で、アルファベット以外の文字に対する無理解があったことを謝罪したという（茂呂雄二 一九九五「『書きことば』と『話しことば』のインターフェース」『言語』第二十四巻第二号）。しかしこの講演と同時期に行っている西洋と東洋に関する別の講演およびそれを再録した著書を見てみると、アルファベットの効果に関して述べたことが誇張であったことは認めているものの、グディが問題にして批判しているのは、ユーラシア大陸でつながっている西洋と東洋の間に分水嶺があるという、西洋の学者や民間に根づいている考え方であり（マックス・ウェーバがその典型である）、口承と書承との間に大分水嶺があるとする基本的・根本的前提は変わっていない（Goody, J. 1993 East and West: Rationality in Review, *Ethnos* 58 [1–2], pp6–36, reprinted in Goody, J. 1996 *The East in the West*, Cambridge University Press)。それゆえ、異文化理解を標榜し自文化中心主義を批判する社会人類学者としてはいささか御粗末だという謗（そし）りを免れない反省と謝罪を、グディがしているわけではない。アジアとアフリカを一括りにできないという彼は、アフリカに謝罪しているわけではない(Goody, Introduction, in *The East in the West*, p10)。

＊8　Street, A Critical Look at Walter Ong and the 'Great Divide,' p158.

＊9　オング『声の文化と文字の文化』二九五頁。

＊10　ヨハン・ホイジンガ　一九七三『ホモ・ルーデンス』高橋英夫訳、中公文庫、三四―四二頁。

＊11　Street, *Social Literacies*, p15.

＊12　クロード・レヴィ＝ストロース　二〇〇七『神話理論 Ⅲ　食卓作法の起源』渡辺公三・榎本譲・福田素子・小林真紀子訳、みすず書房、一四六頁。

＊13　Goody, J. 1968 Restricted Literacy in Northern Ghana, in *Literacy in Traditional Societies*, Cambrige University Press, pp201-205.

＊14　Besnier, N. 1991 Literacy and the Notion of Person on Nukulaelae Atoll, *American Anthropologist* 93, pp570-587. Besnier, N. 1995 *Literacy, Emotion and Authority: Reading and Writing on a Polynesian Atoll*, Cambridge University Press.

＊15　Besnier, *Literacy, Emotion and Authority*, ch.4.

＊16　いずれもBesnier, *Literacy, Emotion and Authority*, p108より意訳して引用。

＊17　いずれもBesnier, *Literacy, emotion and Authority*, pp112-113より意訳して引用。

＊18　Besnier, Literacy and the Notion of Person on Nukulaelae Atoll, pp573-574.

＊19　Ibid., p583, n.9.

＊20　Besnier, *Literacy, Emotion and Authority*, p109.

＊21　Ibid., pp114-115.

＊22　マーシャル・マクルーハン　一九八六『グーテンベルクの銀河系――活字人間の形成』森常治訳、

みすず書房、二二八頁。

＊23 Street, A Critical Look at Walter Ong and the Great Divide, p156.

＊24 ジェイン・オースティン　二〇〇四　『ジェイン・オースティンの手紙』新井潤美編訳、岩波文庫、四一〇頁。

＊25 新井潤美　二〇〇四　「訳者まえがき」『ジェイン・オースティンの手紙』八頁。

＊26 川島秀一　二〇二〇　『「本読み」の民俗誌――交叉する文字と語り』勉誠出版、第一章。

＊27 同書二八頁。

＊28 周藤芳幸　二〇〇六　『古代ギリシア　地中海への展開』京都大学学術出版会、一六六頁。

＊29 同前。

＊30 師尾晶子　二〇〇六　「碑文を見る人・碑文を読む人――古代ギリシアの公的碑文の開放性と閉鎖性」『アジア遊学　第九十一号　碑石は語る』勉誠出版、一五九頁。

＊31 桜井万里子　一九九七　『ソクラテスの隣人たち――アテナイにおける市民と非市民』山川出版社、六四頁。

＊32 Thomas, R. 1989 *Oral Tradition and Written Record in Classical Athens*, Cambridge University Press. Thomas, R. 1992 *Literacy and Orality in Ancient Greece*, Cambridge University Press.

＊33 アテナイでは前四〇三年に不文法が公的に禁止された（周藤『古代ギリシア　地中海への展開』一六九頁）。

＊34 前四世紀のアテナイで、識字率は五―一〇％と推定されている（橋場弦　二〇二二　『古代ギリシアの民主政』岩波新書、一七四頁）。

＊35 Thomas, *Literacy and Orality in Ancient Greece*, pp68-72.

＊36 Clanchy, M. T. 1979 *From Memory to Written Record: England 1066-1307*, Edward Arnold Ltd and Harvard University Press.　第二版は一九九三年刊、第三版は二〇一三年刊で、いずれも前の版に

大幅な加筆修正が施されている（特に第一章）。

＊37　Thomas, *Oral Tradition and Written Record in Classical Athens*, pp36-37.

＊38　アリストテレス　一九六九『政治学　経済学』（アリストテレス全集 15）山本光雄訳、岩波書店、1270b30、第二巻第九章、七五頁。

＊39　Thomas, *Oral Tradition and Written Record in Classical Athens*, p39.

＊40　文書館はメトロオンと呼ばれる評議会場跡に建設されたが、デモステネスが語ったとされる弁論（伝デモステネス第二十五番弁論）では、もし法律を重んじなければどんな態度でメトロオンに入っていくことができるのかと陪審員を問い詰めている。会議の議論の根拠となる文書を参照するためにメトロオンに出入りするという行為はいつも一般的だったとはいえず、この弁論の成立年代（前三二五年頃）を踏まえて前四世紀後半ではないかと彼女は推測するのである（周藤『古代ギリシア　地中海への展開』一六九頁を参照）。メトロオンの復元図については橋場『古代ギリシアの民主政』一七五頁を参照。

＊41　Sickinger, J. P. 1994 Inscriptions and Archives in Classical Athens, *Historia* 43, pp286-296. 師尾晶子　二〇一一「古代ギリシアの碑文研究の新潮流——碑文習慣をめぐって」『西洋史学』第二百四十二巻、六三頁、師尾「碑文を見る人・碑文を読む人」一六七頁。

＊42　師尾「古代ギリシアの碑文研究の新潮流」六〇頁、六三頁。Linders, T. 1992 Inscriptions and Orality, *Symbolae Osloeness* 67, pp27-40. cf. Dignas, B. 2002 'Inventories' or 'Offering Lists'? Assessing the Wealth of Apollo Didymaeus, *Zeitschrift für Papyrologie und Epigraphik* 138, pp235-244.

＊43　Clanchy, M. T. 1993 *From Memory to Written Record* (second edition), Blackwell Publishers Ltd, Chapter1.　記録簿と文書庫を用いた保存と参照のシステムは、ジョン王（在位一一九九—一二一六）時代の一二〇〇年頃からであり、不自由身分の農民に至るまで契約に自分の印璽を付した文書を用いる慣行が十三世紀末には定着していた（大黒『声と文字』一二〇頁、一五七頁を参照）。支配者の言語が

北フランスのロマンス語、文書の記録はラテン語、被支配層の言語は古英語という言語体制の中で、外国語でしかも書き言葉であるラテン語から、日常語である古英語による文書作成まで時間の経過が必要だったことが、ドキュメント気質とアーカイブ気質の隔たりを生み出していたことも忘れてはならない。一方オングもクランチーに言及している。例えばエドワード一世のもとでの権限開示訴訟において、ウァレンヌ伯は、裁判官の前に証書ではなく、古ぼけた錆（さび）だらけの剣を持ち出して、次のように抗議したという。自分の祖先はウィリアム征服王につき従い、この剣でイングランドを手に入れたのだから、自分は自らの土地をこの剣で守ると。これを、象徴的な物が証拠として持つ価値が疑われなかったかつての精神の状態を示す例、つまり残存としてオングは説明する（『声の文化と文字の文化』二〇一頁）。

＊44　これは現代にも当てはまることである。フランスのテレビドラマ「アストリッドとラファエル」にあるように、パリの犯罪資料局に保存されている過去の犯罪資料を記憶し直ちに引き出せるのは、並外れた知識と論理的な思考を持つ自閉症の文書係アストリッド・ニールセンだけなのである（https://www.nhk.jp/p/astridetraphaelle/ts/PG1M4JJQQV/）。記録の保存整理の部署は「窓際族」の行き先のように我が国でもしばしば語られてきた（例えば石ノ森章太郎の漫画「おみやさん」）。

＊45　國方栄二　二〇二三「古代ローマの出版事情」『図書』二〇二三年五月号（web 岩波「たねをまく」https://tanemaki.iwanami.co.jp/posts/7170）。

＊46　箕輪成男　二〇〇二『パピルスが伝えた文明――ギリシア・ローマの本屋たち』出版ニュース社、三二頁。

＊47　同書一七二頁。

＊48　Farrell, J. 2009 The Impermanent Text in Catullus and Other Roman Poets, in Johnson, W. A. and Parker, H. N. (eds.) *Ancient Literacies: The Culture of Reading in Greece and Rome*, Oxford University Press. 以下の記述はファレルの分析に基づく。

＊49　カトゥルス　一九九一「献詩」『ギリシア・ローマ抒情詩選――花冠』呉茂一訳、岩波文庫、二五二―二五三頁。

＊50　Farrell, The Impermanent Text in Catullus and Other Roman Poets, p175.

＊51　ラテン語徒然「カトゥッルス第九十五歌　キンナ『ズミュルナ』礼賛」(http://litterae.blog8.fc2.com/blog-entry-649.html)。Perseus Digital Library (https://www.perseus.tufts.edu/hopper/text?doc=Perseus%3Atext%3A1999.02.0006%3Apoem%3D95) も参照。

＊52　カトゥッルスと同時代のローマの詩人ホラーティウス（前六五―前八）の『書簡詩』第一巻・第二十歌は、詩それ自体に宛てられているが、そこでも時とともに詩が省みられなくなるおそれが述べられている。

　おまえは若さを失わぬうちは、ローマで愛されるだろう。
　だが、人々の手でもみくちゃにされて薄汚れてくる。
　そうなったらもう、役立たずの紙魚（しみ）を無言で飼うか、
　ウティカへ逃げるか、縛られてイレルダへ送られるしかない。（ホラーティウス　二〇一七『書簡詩』高橋宏幸訳、講談社学術文庫、一〇四頁）

＊53　「ペルシウスは彼の風刺詩集で次のように問うている。『にしんの包み紙や売れた品物を入れる三角袋に使われる恐れもなく、自分の詩が、後世に残るほどの人気を博することをだれが願わないだろうか』」（箕輪『パピルスが伝えた文明』一七二頁）。

＊54　ラテン語徒然「カトゥッルス第三十六歌」(http://litterae.blog8.fc2.com/blog-entry-650.html)。Perseus Digital Library (https://www.perseus.tufts.edu/hopper/text?doc=Perseus%3Atext%3A1999.02.0006%3Apoem%3D36) も参照。

＊55　ラテン語徒然「カトゥッルス第二十二歌　背中は見えない」(http://litterae.blog8.fc2.com/blog-entry-617.html)。

＊56　ラテン語徒然「カトゥッルス四十二歌」(http://

litterae.blog8.fc2.com/blog-entry-408.html)。

＊57　Farrell, The Impermanent Text in Catullus and Other Roman Poets, p174.

＊58　古代ローマの出版については、箕輪『パピルスが伝えた文明』一五一―一五三頁を参照。新しい作品は友人仲間や、一般聴衆に向かって著者自身が朗読会を行う。それで評判を呼べば、出版社に著者が原稿を回し、写字生が写本を作る。また散文の場合は、口述筆記を行うこともあった。

＊59　ジャック・デリダ、豊崎光一　二〇一六『翻訳そして／あるいはパフォーマティヴ――脱構築をめぐる対話』豊崎光一訳、守中高明監修、法政大学出版局、三六頁、五〇―五一頁。lettre（手紙）には文字という意味もある。デリダは、言葉（シニフィアン）とその意味（シニフィエ）が直ちにいつも結びついているわけではないことを述べるときにこの比喩を使っている。

＊60　ジャック・デリダ　一九八二「真実の配達人」清水正・豊崎光一訳、『現代思想臨時増刊　デリダ読本　手紙・家族・署名』一〇五頁、〔　〕内は原文。

＊61　ピエール・クラストル　一九八七「言葉の義務」渡辺公三訳、『国家に抗する社会――政治人類学研究』書肆風の薔薇。

＊62　とりわけトバ族やトゥルマイ族では、人々は多くの場合、「リーダーの言葉には少しも耳を傾けず、リーダーは一般の無関心の中で語り続けねばならない」（クラストル「交換と権力――インディアン首長制の哲学」渡辺公三訳、『国家に抗する社会』四一頁）。

＊63　クラストル「言葉の義務」一九一頁、原文の傍点は省略した。

＊64　クラストル「交換と権力」四一頁。

第四章

＊1　山口昌男　一九七一「文盲のすすめ――文字と人間」『人類学的思考』せりか書房、一二八頁。以下の山口のまとめは同書一二九―一三四頁に基づく。

＊2　Goody, J. and Watt, I 1968 (originally published

in 1963) The Consequences of Literacy, in Goody, J. (ed.) *Literacies in Traditional Societies*, Cambridge University Press, p29.

＊3　ジャン・ボテロ　一九九八『メソポタミア――文字・理性・神々』松島英子訳、法政大学出版局、一四〇頁。

＊4　池田潤　二〇一七『楔形文字を書いてみよう読んでみよう――古代メソポタミアへの招待』白水社、八―一五頁。ボテロ『メソポタミア』一八―一九頁、一〇五―一一一頁。

＊5　ボテロ『メソポタミア』一五二―一五三頁。

＊6　同書一二五頁。

＊7　同書一二六―一二七頁。

＊8　同書一三二―一三三頁。

＊9　あるいは「足に相当する文字は、『歩行』を意味するときは du と読まれ、『直立』を意味するときは gub と読まれ、『基壇の上にしっかりと立つ』を意味するときは gin と読まれ、『運搬』を意味するときは tùm と読まれた」（ボテロ『メソポタミア』一三九頁）ように、絵文字が表す「もの」と近接し関連する（換喩的につながっていく）「もの」や概念は、同じ文字で表されながら異なる音声で読まれるのである。

＊10　ボテロ『メソポタミア』一四九―一五〇頁。

＊11　同書五頁。港千尋　二〇一〇「予兆の書物」『書物の変――グーグルベルグの時代』せりか書房、八二頁も参照。

＊12　ボテロ『メソポタミア』一五五頁。

＊13　同書一八八頁。

＊14　Thomas, R. 1992 *Literacy and Orality in Ancient Greece*, Cambridge Universithy Press, p130.

＊15　J‐P・ヴェルナン　二〇一二『ギリシア人の神話と思想――歴史心理学研究』上村くにこ・ディディエ シッシュ・饗庭千代子訳、国文社、二九三頁。J‐P・ヴェルナン　一九七〇『ギリシア思想の起原』吉田敦彦訳、みすず書房、四九―五二頁、ジャック・デリダ　二〇一三『散種』藤本一勇・立花史・

郷原佳以訳、法政大学出版局、二三〇—二三一頁も参照。

*16 『人類学的思考』には「敢えてマクルーハンを読む」という評論も収録されている。

*17 ゴドフリー・リーンハート 二〇一九『神性と経験——ディンカ人の宗教』出口顯監訳、坂井信三・佐々木重洋訳、法政大学出版局、一九—二六頁。今日のディンカは南スーダンの大統領の出身民族でもあり決して文盲とは言えないが、リーンハートが調査した一九四〇年代末から五〇年代初めにかけては、まだキリスト教ミッションに通いアルファベットを学ぶ者は多くなかった。

*18 リーンハート『神性と経験』二六頁。

*19 以下は特に断りを入れない場合、ボテロ『メソポタミア』一三五頁、一三八—一四七頁による。

*20 ボテロ『メソポタミア』四四二頁、註18。

*21 これは、ディンカが換喩的想像力を働かせないという意味ではない。神霊、神霊の象徴物、人間との間の換喩的つながりについては、出口顯 二〇二二「ライオン人間、象に変身できた男——『神秘的融即』のその後」木俣元一・近本謙介編『宗教遺産テクスト学の創成』勉誠出版を参照。

*22 ジャック・デリダは、有名な「プラトンのパルマケイアー」の中で、文字（エクリチュール）が喩えられるパルマコン（薬であると同時に毒でもあるもの）という語が、香水も指すことに言及して次のように述べる。

　パルマコンは秩序を装いに、宇宙（コスモス）を美容品（コスメティック）に変えるのだ。死、仮面、白粉、これらは弁証家や存在の学によって調整されなければならない都市の秩序を転覆する祝祭である。〔中略〕プラトンはエクリチュールと祝祭を即座に同一視するだろう。そして戯れとも。ある種の祝祭とある種の戯れ。

（「プラトンのパルマケイアー」『散種』二一七頁）

山口昌男の主要な研究テーマが祝祭であったのはよく知られている事実であるが、だとしたなら、彼は文盲を勧めるべきではなく、識字化を推進しなければならなかっただろう。のちに山口は、「神話と共同体」（山口昌男 一九八四『流行論』朝日出版社に所収）でデリダの『散種』を引用し、『パイドロス』に登場する文字を創った神タウトに言及しているが、タウトの両義的なトリックスター的側面を強調するのみで、パルマコンとしての文字についての考察はない。

＊23　ボテロ『メソポタミア』一五一―一五二頁。

＊24　イヌ（inu）という音の響きは、ネコやオオカミとの差異の中で、ワンと鳴く四本足の動物でしばしば人間のペットになるというある概念を表すというとき、イヌという音声が「意味するもの」（シニフィアン、signifiant）、イヌが表す概念が「意味されるもの」（シニフィエ、signifié）である。

＊25　ジャック・デリダ　一九八三『根源の彼方に――グラマトロジーについて』上、足立和浩訳、現代思潮社、三二―三三頁。

＊26　プラトン　一九六七『パイドロス』藤沢令夫訳、岩波文庫、275D-E（一六六頁）。

＊27　同書 276A（一六七頁）。

＊28　同書 276C-D（一六八―一六九頁）。

＊29　同書 276A（一六七頁）。

＊30　同書 278A（一七四頁）。

＊31　デリダ『散種』二三九頁。

＊32　同前。

＊33　デリダ『根源の彼方に』上、二二七頁。

＊34　大橋亜由美　二〇一九「私は呪術師にはならない――知識とともに生きる」川田牧人・白川千尋・関一敏編『呪者の肖像』臨川書店、六六頁。

＊35　Zurbuchen, M. S. 1987 *The Language of Balinese Shadow Theater*, Princeton University Press, pp46-51.

第五章

＊1　クロード・レヴィ＝ストロース　二〇〇一『悲しき熱帯』Ⅱ、川田順造訳、中公クラシックス、二〇二頁。

＊2　同書二〇三―二〇五頁。

＊3　ジャック・デリダ　一九八三『根源の彼方に――グラマトロジーについて』上、足立和浩訳、現代思潮社。川田順造　一九九〇『無文字社会の歴史』岩波書店。デリダは、文字という権力の外部起源説を批判し、固有名による名づけという形で内部に原エクリチュール作用が既に出現していると論じた。川田はレヴィ＝ストロースの南米史やアフリカ史の誤解を指摘して文字の秘儀性と規約性の区別の必要を説いている。

＊4　レヴィ＝ストロース『悲しき熱帯』Ⅱ、一九八頁。

＊5　同前。

＊6　松本潤一郎　二〇〇九「トロピカル・ダンディ？――動物・近親性交・聲・文字・自死・食人儀式」『KAWADE 道の手帖　中島敦』河出書房新社、六九頁。

＊7　描くとは触覚に関わる動作だから、首長はさらなる感覚横断的な行為を行っていることになる。

＊8　レヴィ＝ストロース『悲しき熱帯』Ⅱ、一九八頁。

＊9　同書二二三頁。

＊10　個人的威信と気前よさによる同意に基づいて集団を導くという重責の代償として、首長には複数の妻を持つことが許されている。それ以外の者たちは一夫一婦制である（『悲しき熱帯』Ⅱ、二二七頁）。

＊11　Svenbro, J. 1993 *Phrasikleia: An Anthropology of Reading in Ancient Greece*, Cornell University Press, pp2-3. ジェスペル・スヴェンブロ　二〇〇〇「アルカイック期と古典期のギリシャ――黙読の発明」片山英男訳、ロジェ　シャルティエ＋グリエルモ　カヴァッロ編『読むことの歴史――ヨーロッパ読書史』大修館書店、四七頁。

＊12　だからソクラテスは文字を信用せず、口頭での対話のみを実践した。一方プラトンは、その師の教えを後世に伝えるため、文字を書いた。文字を蔑視する師の言葉を文字に書き記す弟子。プラトンはこの矛盾・二律背反に悩まなかったのだろうかと問いたくなるが、そうではないとデリダはいう。教育的とみえる目的のために文字を例として説明せざるをえないという文字の還元不可能性や、声（言われたこと）は文字（エクリチュール）という背景を召喚し

それに反するという形で自らの固有性を説かざるをえないという矛盾は、プラトンを嚆矢として西洋において繰り返されてきたのであり、この矛盾が西洋を特徴づけてきたことが重要なのである（ジャック・デリダ　二〇一三『散種』藤本一勇・立花史・郷原佳以訳、法政大学出版局、二五四―二五六頁）。

＊13　プラトン　一九六七『パイドロス』藤沢令夫訳、岩波文庫、264D（一三〇頁）。

＊14　前七世紀から前六世紀にかけて実在したギリシアの政治家や哲学者たちで、模範的人物として語り伝えられた人々。挙げる人によって顔ぶれは異なるが、アテネの立法者ソロン、自然哲学で知られるタレスは含まれることが多い。

＊15　Svenbro, *Phrasikleia*, Chapter2.

＊16　ibid., p30. 澤柳大五郎　一九八九『アッティカの墓碑』グラフ社も参照されたい。

＊17　読む者と文字が家族のような関係になるという例は現代にも見出すことができる。大英図書館には膨大な蔵書があり、修復の必要がある本も多い。図書館は本の保存のための寄付を募るのだが、その際「本を養子（adopt）に」という表現が使われる。寄付者は図書館にある本を選び、一定の金額を寄付すると、その人は本の「養い親」になるのである。このエピソードを伝えている港千尋は、「本を養う」という言葉が気に入ったのは、我々が皆人生のどこかで「本によって養われてきたということを思い出させてくれるからかもしれない」と述べている。「すでに読んだ本はわたしたちの親であり、これから読む本はわたしたちの子どもである。人類はそのようにしてここまで来たのだから、書物をとおして未来を養うことも忘れるわけにはいかないと思うのである」（港千尋　二〇一〇「本を養う」『書物の変』せりか書房、一〇〇―一〇一頁）。アルカイック期のギリシアの道ゆく人も、墓碑銘が捧げられた故人の過去を未来へ伝えるべく、文字＝墓碑銘を養っていたとはいえないだろうか。なお本を養子にするのは大英図書館（https://support.bl.uk/page/adopt-a-book）だけではなく、ロンドン図書館でも同様のキャンペーンを行っている（https://www.londonlibrary.co.uk/support-us/adopt-a-book）。

＊18 「行為遂行文」とは、「私は告げる」「私は誓う」「私は命名する」のような、何かを描写・記述しているのではなく、まさに「告げる」「誓う」「命名する」という行為そのものを行う文をいう。イギリスの言語哲学者オースティンはこのような発言を「行為遂行的発言」（performative utterance）と呼んだ（J・L・オースティン　二〇一九　『言語と行為――いかにして言葉でものごとを行うか』飯野勝己訳、講談社学術文庫）。

＊19 永嶺重敏　二〇〇四　『〈読書国民〉の誕生――明治30年代の活字メディアと読書文化』日本エディタースクール出版部、一七五頁。山田俊治　二〇〇二　『大衆新聞がつくる明治の〈日本〉』NHKブックス、七六―八〇頁。

＊20 永嶺『〈読書国民〉の誕生』一七七―一七八頁。

＊21 永嶺重敏　一九九七　『雑誌と読者の近代』日本エディタースクール出版部、四七―四八頁。

＊22 香堂　一八九八　「淡雪」『日域新誌』第二号、三六―四一頁。

＊23 「振り仮名（傍訓）と『ます』という文末で語りかける文体は、読者にとって記者の話を聞くような感覚で理解できるのである。読むというよりは、声をもった『文』に語りかけられるという感覚になった」（山田俊治　二〇二三　「明治初年の『言』と『文』」『〈書くこと〉の一九世紀明治――言文一致・メディア・小説再考』岩波書店、七三頁）。

＊24 山田『大衆新聞がつくる明治の〈日本〉』七五頁。

＊25 永嶺『雑誌と読者の近代』第一章。

＊26 永嶺は次のような、明治三十七年の読者からの投書を紹介している。「私は平民新聞の愛読者にして商用にて地方出張の時汽車にて読むも、兎角他の乗客が横合より覗き読み且（かつ）声を高く読まるゝに閉口します」（永嶺『雑誌と読者の近代』四四―四五頁）。

＊27 永嶺『雑誌と読者の近代』五一頁。

＊28 「新趣向の東京見物（四）」『旅』第四号、一九〇三年、一六一―一七頁。

＊29 同書五八頁。

＊30　香堂「淡雪」三六―四一頁。この小説は「未完」とある。

＊31　夏目漱石　一九〇六「音読と黙読」『現代読書法』（『成功』秋季臨時増刊・第十巻第一号）、四〇頁。

第六章

＊1　喜安朗　一九九四『近代フランス民衆の〈個と共同性〉』平凡社、二〇〇頁。

＊2　同書二〇一頁。

＊3　マルタン・ナド　一九九七『ある出稼石工の回想』喜安朗訳、岩波文庫、二八―四二頁。ナドは、パリに来て石工になった後も学校に通い、製図や幾何学を自学自習し、自分で学校を開き、勉学意欲のある若い石工見習たちに教えるまでに至っている。もっともそこには、家族の借金を返済するという動機があったのだが（同書一三七―一四九頁）。

＊4　喜安『近代フランス民衆の〈個と共同性〉』二一一頁。

＊5　十六世紀後半には、地方の書籍商によって民衆向けの安価な出版物が出現し普及した。多くが青色の紙表紙だったことから青本と呼ばれるこの仮綴じの出版物には、暦・占い・ABC読本・行儀作法の本・聖人伝やクリスマス賛美歌集などがあり、行商によって流布した（ロジェ・シャルチエ　一九九二「読書行為と書物市場」『読書の文化史――テクスト・書物・読解』福井憲彦訳、新曜社、八五頁。ロベール・マンドルー　一九八八『民衆本の世界――17・18世紀フランスの民衆文化』二宮宏之・長谷川輝夫訳、人文書院も参照）。十九世紀後半に植字や写真製版など挿絵技術の工業化が進展すると、書物の年間刊行点数が飛躍的に増加し書物市場が拡大するとともに（十九世紀半ばに書物の平均印刷部数は三千部だったのが、世紀末にはその四倍に膨れ上がる）、多様な読者層が出現した。「子供と女性と民衆、十九世紀の想像力の基礎をなすこれら三者は、快楽あるいは教養、気晴らしあるいは勉強のために読むことを望む、書物消費者の新しい階級をまさしく象徴している」（シャルチエ『読書の文化史』五〇頁）。

＊6　喜安『近代フランス民衆の〈個と共同性〉』二一二頁。

＊7 「乗合馬車から居酒屋まで、サロンから学会まで、友人との会合から家庭の集いまで、他人のために朗読することが普通の必要な行為である場合は、一六世紀から一九世紀のあいだには、いくらでもあったのである。したがって読書は、内密さや私的なことの表象としてのみ捉えられてはならない。それは社会的な絆を固めるものであったり、それを表現するものでもありうる」（シャルチエ『読書の文化史』五九頁）。それゆえ「孤独でもなく黙読でもない他の読書行為も存在する、ということを認めなければならない」（同書五八頁）。

＊8 喜安『近代フランス民衆の〈個と共同性〉』二一六―二一七頁。

＊9 同書二一七―二一八頁。

＊10 同書二一八頁。

＊11 柳田國男　一九七六『口承文芸史考』講談社学術文庫、一六頁。

＊12 同書二一五頁。

＊13 同書二一一頁。

＊14 同前。

＊15 同前。

＊16 同書二一七頁。

＊17 「てがきびと」第六号「『新しいお笑いを書く人』笑い飯：哲夫」（https://www.kokuyo.co.jp/creative/tegakibito/waraimeshi/）。

＊18 柳田『口承文芸史考』二一八頁。

＊19 「徒然草」『方丈記　徒然草』（新日本古典文学大系 39）岩波書店、一九八九年、二九五頁。

＊20 柳田國男　一九四六「有王と俊寛僧都」『物語と語り物』角川書店、初出一九四〇年。兵藤裕己　二〇〇九『琵琶法師――〈異界〉を語る人びと』岩波新書、六六―六八頁も参照。

＊21 手紙には、三人流されたうち二人は召し返されたのに父親だけ帰ってこないのはなぜか、有王を供にして急いで上京してほしいと書かれていた（『新版平家物語（一）』杉本圭三郎全訳注、講談社学術文庫、二〇一七年、五七七―五七九頁）。

＊22　柳田「有王と俊寛僧都」一二〇―一二七頁。

＊23　兵藤『琵琶法師』六八―六九頁。

＊24　柳田「有王と俊寛僧都」一二五頁。

＊25　同論文一三〇頁。

＊26　筑土鈴寛　一九四二「平家物語についての覚書」『復古と叙事詩』青磁社。

＊27　兵藤裕己　一九九八『平家物語――〈語り〉のテクスト』ちくま新書、一六〇頁。

＊28　兵藤『平家物語』一六一頁。兵藤『琵琶法師』七五頁。

＊29　兵藤『琵琶法師』七五頁。

＊30　兵藤『平家物語』九〇―九一頁。

＊31　同書九二―九三頁。

＊32　同書二〇五頁。兵藤は木曽義仲の最期の合戦（巻九「木曽の最期」）を例に挙げている（『平家物語』一三八―一三九頁）。

＊33　クロード・レヴィ＝ストロース　二〇〇六『神話論理Ｉ　生のものと火を通したもの』早水洋太郎訳、みすず書房。

＊34　『平家物語』には物語として多様なテクストが伝わっているが、内容から大きく二つの系列に分けることができると山下宏明は述べている。以仁王（もちひとおう）の令旨（りょうじ）を得て関東に兵を挙げる源頼朝の行動を、①京都圏の視点に立って頼朝の挙兵を捉えるテクスト、②前者の視点を有しながら、重ねて坂東（ばんどう）圏の視点に立って坂東の頼朝やその地の豪族の視点で経過を逐次とらえるテクストの二つである。

前者は量の上で簡略であるのに対して後者は頼朝の挙兵以外の地方の合戦、寺院の記録も大量に盛り込んでいる。そのため前者を略本系、後者を広本（こうほん）系と呼ぶ。また前者には覚一など琵琶法師が制作に関わったテクストがあることから当道系、後者を非当道系と呼ぶこともある。また人物や事件を捉え描く叙述の仕方が異なり、前者が盲人の琵琶法師の語りのための正本テクストを目指すものであるのに対して、後者は知識階級の読みのためのテクストといえる。

略本＝当道系＝語りのテクストには、その古態を伝える屋代本があるが、その後さらに琵琶法師の当道座が一方（いちかた）と八坂の二流派に分かれていくのに伴い、建礼門院の後日談を「灌頂巻」として切り出す一方流と、女院の物語をほぼ編年体に即する位置に分離する八坂系に分かれる。

他方、広本＝非当道系＝読みのテクストについて山下は、「盲僧琵琶の口承語りが、文字として固定する場で、坂東武士たちの武勲談や、寺院の唱導文も参加して、いわゆる非当道系の広本を生み出していった。『徒然草』二二六段が伝える信濃前司行長と盲目生仏両人のような交流の場こそ、まさに、このテクスト成立の場であろう」と言う。

そしてこの両者のあいだに、形態としては略本だが、頼朝の挙兵については詳細な記事を収めて広本に通ずる中間系も存在する（山下宏明　一九九一「『平家物語』の成り立ち」梶原正昭・山下宏明校注『平家物語』上〔新日本古典文学大系　44〕岩波書店、四二八―四三四頁）。

＊35　兵藤『平家物語』一三五頁。

＊36　『西海餘滴集』冨倉徳次郎校、古典文庫、一九五六年、一九―二〇頁。

＊37　兵藤『平家物語』一三七頁。

＊38　柳田「有王と俊寛僧都」一三七―一三八頁。

＊39　山下「『平家物語』の成り立ち」四一六―四一七頁。

＊40　筑土「平家物語についての覚書」一四七頁。

＊41　兵藤『琵琶法師』九〇頁。

＊42　山下「『平家物語』の成り立ち」四四四頁。

＊43　『新版　平家物語（一）』四八九―四九〇頁。礼紙とは書状などの本文の上包みとして巻き添えた白紙のことである（同書四九一頁）。

＊44　同書五六二頁。もとゆひ（元結）は、髪を結い束ねるもの。

＊45　Keane, W. 2013 On Spirit Writing: Materialities of Language and the Religious Work of Transduction, *Journal of the Royal Anthropological Institute* (n.s.) 19, pp3-4. Zurbuchen, M. 1987 *The Language of Balinese Shadow Theater*, Princeton University Press, p96.

＊46　無文字時代あるいは無文字社会の中にも占い（divination）という「読む」行為（原エクリチュール）が存在したのである。占いは一部の特別な能力を持った儀礼的職能者によって行われていたという点で、限られた「原」リテラシーといえよう。

＊47　文字あるいは原エクリチュールが不可視の身体内部にありそこから現れ出ること、文字と余白、誤配や遅配はデリダが論じていたことである。鬼界ヶ島に届けられた手紙は誤配も遅配も紛失もなく、正しく目的地の目的の相手に届けられたのである。また文字のみでなく、礼紙という文字の余白の存在もそこでは見落とされていない。

第七章

＊1　以下の記述は、ダニエル・ファーブル　一九九二「書物とその魔術――十九・二十世紀におけるピレネー地方の読者たち」泉利明訳、ロジェ・シャルチエ編『書物から読書へ』みすず書房に基づく。

＊2　ファーブル「書物とその魔術」二九〇―二九一頁。

＊3　同書三〇四頁。

＊4　以下の記述は、特に断らない限り、Gow, P. 1990 Could Sangama Read? The Origin of Writing among the Piro of Eastern Peru, *History and Anthropology* 5, pp87-103 に基づく。

＊5　少数言語の発展を援助するキリスト教の非営利組織（ウィクリフ聖書翻訳協会）。一九三四年に始まった宣教師たちのための夏季言語講習会（Summer Institute of Linguistics）に由来する（https://ja.wikipedia.org/wiki/%E5%9B%BD%E9%9A%9BSIL）。

＊6　ピーロのアヤワスカについては、リカルド・アルバレス　一九八八『森と川の神話――奥アマゾン・ピロ族の世界』向晶子訳、文京書房、三三六―三三八頁を参照されたい。

＊7　Gow, P. 2001 *An Amazonian Myth and Its History*, Oxford University Press, p136.

＊8　Ibid., p136, p141.

＊9　痰は、病気を引き起こす邪術を吸い出し、悪を追い払う力をシャーマンに与える（Gow, P. 1994 River People: Shamanism and History in Western Amazonia, in Thomas, N. and Humphrey C. (eds.) *Shamanism, History and the State*, University of Michigan Press, p93）。

＊10　Gow, *An Amazonian Myth and Its History*, p213. この本にはサンガマの物語がより詳しく紹介され、ピーロの神話との比較分析もなされている。

＊11　Gow, River People, pp108-110.

＊12　「われわれの問題は次のように定式化しうる。すなわち、いかなる条件において、塑像的要素と画像的要素とは必然的に相関関係にあるのか。いかなる条件において、それらは不可避的に、一方の表現様態がつねに他方の表現様態を変形し、それはまた相互的であるというような関数関係によって結ばれるのか」（クロード・レヴィ＝ストロース　一九七二『構造人類学』荒川幾男・生松敬三・川田順造・佐々木明・田島節夫訳、みすず書房、二八五頁）。

＊13　一九七四年にピーロの土器作りを調査した日本の人類学者友枝啓泰によれば、幾何学的模様はピーロが経験する幻覚（特に幻視）と関連づけられる可能性が高い。アヤワスカを飲んだときにこの種の模様がすべて見えるのである（友枝啓泰　一九七五「ペルー・モンターニャのピーロ族の文様」『民族學研究』第四十巻第一号、五〇頁）。アヤワスカによるシャーマニズム的体験を介して模様と文字のつながりが見える。

＊14　Gow, *An Amazonian Myth and Its History*, pp127-129.

＊15　小泉八雲　二〇一四『怪談・骨董』平川祐弘訳、河出文庫、一八頁。

＊16　同書二七頁。

＊17　関敬吾　一九七八『日本昔話大成』第六巻、角川書店、一五七頁。

＊18　同書一五八頁。この昔話に「耳なし芳一」との関連で言及していたのは柳田國男である（柳田國男　一九三四「鹿の耳」『一つ目小僧その他』小山書店、

一七〇—一七一頁)。

＊19　関『日本昔話大成』第六巻、一五八頁。

＊20　呪術的機能を強調しなくとも、文字を読めるようになることは、視覚の変容をもたらすことである。文字の意味がわからない外国に滞在しているときは、新聞や看板の文字も、文字であることはわかるがメッセージは伝わってこないので、風景は静かである。しかし日本に戻ってくると、あちこちに表記されている日本語の文字が意味を伴って洪水の如く押し寄せてくるように感じることはないだろうか。

＊21　白川静　一九七九『中国古代の文化』講談社学術文庫、一八頁、二五頁。

＊22　白川静　一九九六『字通』平凡社、六七七頁。

＊23　以下の記述は、とくに蓮實重彦　一九八六「仕掛けのない手品」『反＝日本語論』ちくま文庫、二七七—二八六頁に基づく。

＊24　同書二八二頁。

＊25　蓮實重彦「些事にこだわり」第六回「『バーカ!』といっておけばすむ事態が、あまりに多すぎはしまいか」(https://www.webchikuma.jp/articles/-/2773)。

＊26　添田晴雄　二〇一九『文字と音声の比較教育文化史研究』東信堂。

＊27　貝原益軒著・石川謙校訂　一九六一『養生訓・和俗童子訓』岩波文庫、二四〇頁。

第八章

＊1　J・L・ボルヘス　二〇一七『語るボルヘス——書物・不死性・時間ほか』木村榮一訳、岩波文庫、一二頁。

＊2　J・L・ボルヘス　一九九五「砂の本」『砂の本』篠田一士訳、集英社文庫。

＊3　柳田國男　一九七三「桃太郎の誕生」『桃太郎の誕生』角川文庫。

＊4　クロード・レヴィ＝ストロース　二〇〇六『神話論理 I　生のものと火を通したもの』早水洋太

郎訳、みすず書房、一〇頁。

＊5　同前。

＊6　ロンタールについては、大橋亜由美　二〇一九「私は呪術師にはならない――知識とともに生きる」川田牧人・白川千尋・関一敏編『呪者の肖像』臨川書店、三保サト子・三保忠夫　一九九九「インドネシア・バリ島における Palm Leaf Manuscripts について」『島根女子短期大学紀要』第三十七号、安江明夫　二〇一〇「ヤシの葉写本研究ノート」『研究年報　学習院大学文学部』第五十七号、一〇五―一四〇頁、吉原直樹・中村潔・長谷部弘編訳　二〇一二『バリ島に生きる古文書――ロンタール文書のすがた』東信堂、Ginarsa, K. 1975 The Lontar (Palmyra) Palm, *Review of Indonesian and Malayan Affairs* 9, pp90-103、Hinzler, H. I. R. 1993 Balinese Palm-Leaf Manuscripts, *Bijdragen tot de Taal-, Land- en Volkenkunde* 149, pp438-473 などを参照。

＊7　大橋「私は呪術師にはならない」六三―六六頁。

＊8　以下の記述は、Zurbuchen, M. 1987 *The Language of Balinese Shadow Theater*, Princeton University Press, Chapter3 に基づく。

＊9　ロンタールを集団で音読する機会（*pepaosan*）は次の三種類に分けることができる。①通過儀礼や寺院の儀礼の場面、②ロンタールを読むグループがメンバーの家で定期的に集まる場面、③他村や他地域から知識人を招いた集会の場面。これらの機会では、古ジャワ語で書かれたテクストを先導して読み上げる専門家（*juru maca*）とそれを日常の言葉に翻訳し解釈する「通訳」（*juru mabasan*）が必ず存在する。ロンタールの読み上げは視覚と聴覚が切り離されておらず、集団参画的なものである。聴衆は、テクストが書かれた聖なる言語を読めなくても、テクストの音響と意味にはなじみがある。これらの特徴は口承文化と連続しているといえよう（Zurbuchen, *The Language of Balinese Shadow Theater*, pp87-92）。

＊10　J・G・フレイザー　二〇〇三「タブー」「トーテミズム」佐々木雄大訳、『マナ・タブー・供犠――英国初期人類学宗教論集』国書刊行会。

＊11　Lienhardt, G. 1968 Frazer, James George,

Encyclopedia of Social Sciences 5, MacMillan. 山口昌男　一九七一「『金枝篇』」『人類学的思考』せりか書房。佐々木宏幹　一九八五「フレーザー――神殺しと豊饒」綾部恒雄編『文化人類学群像』（一）、アカデミア出版会。

＊12　J・G・フレイザー　二〇〇三『初版　金枝篇』上・下、吉川信訳、ちくま学芸文庫。

＊13　メアリー・ダグラス　一九九四「序文」サー・ジェームズ・ジョージ・フレーザー著、サビーヌ・マコーマック編『図説　金枝篇』内田昭一郎・吉岡晶子訳、東京書籍、八頁。

＊14　長島信弘　二〇〇九「長島信弘教授最終講義　人類学徒然草――私は学者だったのだろうか」『アリーナ』第七号、六五六頁。

＊15　Lienhardt, G. 1993 Frazer's Anthropology: Science and Sensibility, *Journal of Anthropological Society of Oxford*, 24(1), pp1-12.　以下の記述はこの論文に基づく。

＊16　神なる王の意図的殺害による世界の更新という死と再生のドラマが、一貫した糸といえよう。

＊17　富士川義之　一九九九『英国の世紀末』新書館、三九頁。

＊18　ロバート・アッカーマン　二〇〇九『評伝　J・G・フレイザー――その生涯と業績』小松和彦監修、玉井暲監訳、法蔵館、三二五頁。

＊19　同書三二一頁。

＊20　同書五〇〇―五〇二頁。

＊21　ディンカを一九四〇年代末から五〇年代初めにかけて調査したリーンハートは、簎猎（やす）の長（おさ）(Master of the fishing spears) と呼んでいる（ゴドフリー・リーンハート　二〇一九『神性と経験――ディンカ人の宗教』出口顯監訳・坂井信三・佐々木重洋訳、法政大学出版局、xiii頁）。

＊22　J・G・フレイザー『金枝篇』（二）永橋卓介訳、岩波文庫、二三〇―二三六頁。

＊23　『評伝　J・G・フレイザー』五〇二頁。

＊24　戸谷洋志　二〇二三『SNSの哲学――リアル

とオンラインのあいだ』創元社、四四—四五頁。

＊25　学生に教えてもらいながら使い出したとき、トークとはLINE電話をすることだと私は思っていた。

＊26　デジタルタトゥーのタトゥーとは入れ墨のことだが、第七章で述べたように「文字」の文はもともと「文身」（入れ墨）のことであった。口頭伝承のように変幻自在であり、写真や動画が幅をきかせているとはいえ、ＳＮＳやネットはやはり文字の世界なのである。しかしタトゥーは古代中国とは異なり、反社会的存在の象徴というネガティヴな意味で今日使われている。デジタルタトゥーでも、誹謗中傷やリベンジポルノとの関連で注意喚起がなされるのが普通である（https://ideasforgood.jp/glossary/digital-tattoo/）。

＊27　プラトン『パイドロス』藤沢令夫訳、岩波文庫、275E（一六六頁）。

＊28　同書276C-D（一六八—一六九頁）。

＊29　同書276A（一六七頁）。

＊30　レイ・ブラッドベリ　二〇一四『華氏451度』伊藤典夫訳、ハヤカワ文庫、九二頁。ブラッドベリがこの小説を書いたのは一九五三年であり、フランソワ・トリュフォー監督で一九六六年に映画化もされた。

終章

＊1　文化審議会国語分科会　二〇一八『分かり合うための言語コミュニケーション（報告）』（https://www.bunka.go.jp/koho_hodo_oshirase/hodohappyo/__icsFiles/afieldfile/2018/04/09/a1401904_03.pdf）四—五頁。

＊2　同前二六頁。

＊3　金曙泳　二〇二〇「現代日本語の『打ち言葉』の定義と特徴」『比較日本學』第四十九輯、三一九頁。

＊4　加納なおみ・佐々木泰子・楊虹・船戸はるな　二〇一七「『打ち言葉』における句点の役割——日本人大学生のLINEメッセージを巡る一考察」『お茶の水女子大学人文科学研究』第十三号、二八頁。

＊5　加納・佐々木・楊・船戸「『打ち言葉』における句点の役割」二九頁。今野真二　二〇二一『うつりゆく日本語をよむ――ことばが壊れる前に』岩波新書、一〇九―一一一頁。

＊6　「商品」と「贈与」の違いについては、拙著　二〇〇一『臓器は「商品」か――移植される心』講談社現代新書、第二章を参照されたい。

＊7　Ingold, T. 2020 In Defence of Handwriting, in *Correspondences*, Polity, pp204-206. 翻訳のタイトルは『応答、しつづけよ。』（奥野克巳訳、亜紀書房）だが、correspondencesは、当然のことながらボードレールの『悪の華』に収録されている有名な同名の詩（「万物照応」とか交感と訳される）を踏まえていることも見落としてはならない。

＊8　Ingold, T. 2011. 11. 28 personal communication.

＊9　Ingold, T. 2016. 11. 29, 2017. 1. 9 personal communication.

＊10　例えば手動タイプライターの場合、キーをたたく指の勢いの強弱が、紙に記される文字の濃淡に反映する。しかしパソコンの場合はそうではない。いつでも同じ濃さ、太さの文字が出現する。「しかしブラインドタッチの際の打ち間違いはディスプレイに反映されているではないか」と反論されそうだが、打ち間違いを当の本人は身体レベルで自覚しておらず、ディスプレイに示されて初めて間違いに気づくのである。

＊11　「幼少の頃から私たちは、大文字を、それを形作る動きではなく、できあがったその形態によって認識するよう教えられている。私たちは、子どもに文字が読めるようになる前から、木やプラスティックでできたアルファベットの大文字を遊び道具として与えている。こうした初期の訓練を通じて、私たちは子どもに、言葉を、動きや身振りによって構成されるものではなく、ブロックの集まりだと考えるように促すのである」(*Correspondences*, p213)。

＊12　最近ではスマートフォンのフリック入力（文字を入力する際、キーにタッチすると周囲に花びら状にその行の文字が出てくるので、打ちたい文字の方向に指を払って文字を入力する方法）により、文字は

「打つ」から上下左右に指を滑らす方式に変わってきている。しかも言葉の変換が予測されるので、ふさわしい候補を触ればよい。私は自分が書こうと思っている言葉を全部書く必要がないのだ。さらに候補となっている漢字が見覚えのあるものであればそれは正しい候補として採用される。かくして私が練習帳という漢字三文字の一文字も入力することがなくてもディスプレイ上に練習帳という文字は現れる。これはさらなる思考の短縮化であろう。

*13 Ingold, T. 2013 *Making: Anthropology, Archaeology, Art and Architecture*, Routledge, p131.

*14 Ingold, T. 2015 *The Life of Lines*, Routledge, p6.

*15 クロード・レヴィ＝ストロース　一九七六『野生の思考』大橋保夫訳、みすず書房、二九一頁。

*16 その場でのすばやい反応が求められるSNSの打ち言葉にはできない。言うまでもなくSNSは「砂の本」で、もともとの場所を探すのが困難だからである。

*17 今野『うつりゆく日本語をよむ』には、近年の新聞記事の見出しが記事の内容を適切に伝えない、わかりにくいものであることを豊富な事例をもとに明らかにしている（第一章）。

おわりに

*1 Goody, J. 1968 Restricted Literacy in Northern Ghana, in *Literacy in Traditional Societies*, Cambridge University Press, p205.

出口 顯（でぐち・あきら）

島根大学名誉教授・放送大学島根学習センター所長。博士（文学）。1957年、島根県生まれ。筑波大学比較文化学類卒業、東京都立大学大学院社会科学研究科博士課程中退。島根大学法文学部教授、副学長を務める。専門は文化人類学。

著書に『名前のアルケオロジー』（紀伊國屋書店）、『誕生のジェネオロジー ―― 人工生殖と自然らしさ』（世界思想社）、『臓器は「商品」か ―― 移植される心』（講談社現代新書）、『レヴィ＝ストロース斜め読み』（青弓社）、『神話論理の思想 ―― レヴィ＝ストロースとその双子たち』（みすず書房）、『レヴィ＝ストロース ―― まなざしの構造主義』（河出ブックス）、『ほんとうの構造主義 ―― 言語・権力・主体』（NHKブックス）、『国際養子たちの彷徨うアイデンティティ ―― レヴィ＝ストロース『野生の思考』を読み直す』（現代書館）など。

NHK BOOKS 1284

声と文字の人類学

2024年 3 月25日　第1刷発行

著　者　**出口 顯**

発行者　**松本浩司**
発行所　**NHK出版**
東京都渋谷区宇田川町10-3　郵便番号150-0042
電話 0570-009-321（問い合わせ）　0570-000-321（注文）
ホームページ　https://www.nhk-book.co.jp
装幀者　**水戸部 功**
印　刷　**三秀舎・近代美術**
製　本　**三森製本所**

Printed in Japan　ISBN978-4-14-091284-3 C1339

NHK BOOKS

＊地誌・民族・民俗

森林飽和―国土の変貌を考える―　太田猛彦

＊自然科学

アニマル・セラピーとは何か　横山章光
免疫・「自己」と「非自己」の科学　多田富雄
生態系を蘇らせる　鷲谷いづみ
快楽の脳科学―「いい気持ち」はどこから生まれるか―　廣中直行
確率的発想法―数学を日常に活かす―　小島寛之
算数の発想―人間関係から宇宙の謎まで―　小島寛之
新版　日本人になった祖先たち―DNAが解明する多元的構造―　篠田謙一
交流する身体―〈ケア〉を捉えなおす―　西村ユミ
内臓感覚―脳と腸の不思議な関係―　福土　審
暴力はどこからきたか―人間性の起源を探る―　山極寿一
細胞の意思―〈自発性の源〉を見つめる―　団　まりな
寿命論―細胞から「生命」を考える―　高木由臣
太陽の科学―磁場から宇宙の謎に迫る―　柴田一成
進化思考の世界―ヒトは森羅万象をどう体系化するか―　三中信宏
イカの心を探る―知の世界に生きる海の霊長類―　池田　譲
生元素とは何か―宇宙誕生から生物進化への137億年―　道端　齊
有性生殖論―「性」と「死」はなぜ生まれたのか―　高木由臣
自然・人類・文明　F・A・ハイエク／今西錦司
新版　稲作以前　佐々木高明
納豆の起源　横山　智
医学の近代史―苦闘の道のりをたどる―　森岡恭彦
生物の「安定」と「不安定」―生命のダイナミクスを探る―　浅島　誠
魚食の人類史―出アフリカから日本列島へ―　島　泰三
フクシマ　土壌汚染の10年―放射性セシウムはどこへ行ったのか―　中西友子

※在庫品切れの際はご容赦下さい。

NHK BOOKS

＊歴史(Ⅰ)

「明治」という国家［新装版］ 司馬遼太郎
「昭和」という国家 司馬遼太郎
日本文明と近代西洋―「鎖国」再考― 川勝平太
戦場の精神史―武士道という幻影― 佐伯真一
古文書はいかに歴史を描くのか―フィールドワークがつなぐ過去と未来― 白水　智
関ヶ原前夜―西軍大名たちの戦い― 光成準治
天孫降臨の夢―藤原不比等のプロジェクト― 大山誠一
親鸞再考―僧にあらず、俗にあらず― 松尾剛次
山県有朋と明治国家 井上寿一
歴史をみる眼 堀米庸三
天皇のページェント―近代日本の歴史民族誌から― T・フジタニ
江戸日本の転換点―水田の激増は何をもたらしたか― 武井弘一
外務官僚たちの太平洋戦争 佐藤元英
天智朝と東アジア―唐の支配から律令国家へ― 中村修也
英語と日本軍―知られざる外国語教育史― 江利川春雄
象徴天皇制の成立―昭和天皇と宮中の「葛藤」― 茶谷誠一
維新史再考―公議・王政から集権・脱身分化へ― 三谷　博
壱人両名―江戸日本の知られざる二重身分― 尾脇秀和
戦争をいかに語り継ぐか―「映像」と「証言」から考える戦後史― 水島久光
「修養」の日本近代―自分磨きの150年をたどる― 大澤絢子
語られざる占領下日本―公職追放から「保守本流」へ― 小宮　京
「幕府」とは何か―武家政権の正当性― 東島　誠

＊歴史(Ⅱ)

フランス革命を生きた「テロリスト」―ルカルパンティエの生涯― 遅塚忠躬
文明を変えた植物たち―コロンブスが遺した種子― 酒井伸雄
ローマ史再考―なぜ「首都」コンスタンティノープルが生まれたのか― 田中　創
グローバル・ヒストリーとしての独仏戦争―ビスマルク外交を海から捉えなおす― 飯田洋介
アンコール王朝興亡史 石澤良昭
シィエスのフランス革命―「過激中道派」の誕生― 山﨑耕一

※在庫品切れの際はご容赦下さい。

NHK BOOKS

＊文学・古典・言語・芸術

- 日本語の特質　金田一春彦
- 言語を生みだす本能(上)(下)　スティーブン・ピンカー
- 思考する言語―「ことばの意味」から人間性に迫る―(上)(中)(下)　スティーブン・ピンカー
- ドストエフスキイ―その生涯と作品―　埴谷雄高
- ドストエフスキー　父殺しの文学(上)(下)　亀山郁夫
- 英語の感覚・日本語の感覚―〈ことばの意味〉のしくみ―　池上嘉彦
- 英語の発想・日本語の発想　外山滋比古
- 絵画を読む―イコノロジー入門―　若桑みどり
- フェルメールの世界―17世紀オランダ風俗画家の軌跡―　小林頼子
- 子供とカップルの美術史―中世から18世紀へ―　森　洋子
- 形の美とは何か　三井秀樹
- オペラ・シンドローム―愛と死の饗宴―　島田雅彦
- 伝える！　作文の練習問題　野内良三
- 宮崎駿論―神々と子どもたちの物語―　杉田俊介
- 万葉集―時代と作品―　木俣　修
- 西行の風景　桑子敏雄
- 深読みジェイン・オースティン―恋愛心理を解剖する―　廣野由美子
- スペイン美術史入門―積層する美と歴史の物語―　大髙保二郎ほか
- 「古今和歌集」の創造力　鈴木宏子
- 最新版　論文の教室―レポートから卒論まで―　戸田山和久
- 「新しい時代」の文学論―夏目漱石、大江健三郎、そして3・11後へ―　奥　憲介

＊教育・心理・福祉

- 身体感覚を取り戻す―腰・ハラ文化の再生―　斎藤　孝
- 子どもに伝えたい〈三つの力〉―生きる力を鍛える―　斎藤　孝
- 孤独であるためのレッスン　諸富祥彦
- 内臓が生みだす心　西原克成
- 母は娘の人生を支配する―なぜ「母殺し」は難しいのか―　斎藤　環
- 福祉の思想　糸賀一雄
- アドラー　人生を生き抜く心理学　岸見一郎
- 「人間国家」への改革―参加保障型の福祉社会をつくる―　神野直彦

※在庫品切れの際はご容赦下さい。

NHK BOOKS

＊社会

嗤う日本の「ナショナリズム」　北田暁大
社会学入門—〈多元化する時代〉をどう捉えるか—　稲葉振一郎
ウェブ社会の思想—〈遍在する私〉をどう生きるか—　鈴木謙介
ウェブ社会のゆくえ—〈多孔化〉した現実のなかで—　鈴木謙介
現代日本の転機—「自由」と「安定」のジレンマ—　高原基彰
希望論—2010年代の文化と社会—　宇野常寛・濱野智史
団地の空間政治学　原　武史
図説 日本のメディア［新版］—伝統メディアはネットでどう変わるか—　藤竹 暁／竹下俊郎
情報社会の情念—クリエイティブの条件を問う—　黒瀬陽平
日本人の行動パターン　ルース・ベネディクト
現代日本人の意識構造［第九版］　NHK放送文化研究所 編
争わない社会—「開かれた依存関係」をつくる—　佐藤　仁

＊政治・法律

国家論—日本社会をどう強化するか—　佐藤　優
マルチチュード—〈帝国〉時代の戦争と民主主義—（上）（下）　アントニオ・ネグリ／マイケル・ハート
コモンウェルス—〈帝国〉を超える革命論—（上）（下）　アントニオ・ネグリ／マイケル・ハート
ポピュリズムを考える—民主主義への再入門—　吉田　徹
「デモ」とは何か—変貌する直接民主主義—　五野井郁夫
権力移行—何が政治を安定させるのか—　牧原　出
国家緊急権　橋爪大三郎
自民党政治の変容　中北浩爾
未承認国家と覇権なき世界　廣瀬陽子
アメリカ大統領制の現在—権限の弱さをどう乗り越えるか—　待鳥聡史
ミャンマー「民主化」を問い直す—ポピュリズムを越えて—　山口健介
帝国日本と不戦条約—外交官が見た国際法の限界と希望—　柳原正治

※在庫品切れの際はご容赦下さい。